# Grundlagen der Schulpädagogik

## Band 60

# Schule ist Theater

## Theatrale Methoden als Grundlage des Unterrichtens

Von

Martin Kramer

Schneider Verlag Hohengehren GmbH

**Grundlagen der Schulpädagogik**

Herausgegeben von:

Band 1 bis 22: Ernst Meyer und Rainer Winkel

Band 22 bis 53: Jürgen Bennack, Astrid Kaiser, Rainer Winkel

Ab Band 54: Astrid Kaiser und Rainer Winkel

Gedruckt auf umweltfreundlichem Papier (chlor- und säurefrei hergestellt).

**Bibliografische Information der Deutschen Nationalbibliothek**

Die Deutsche Nationalbibliothek verzeichnet diese Publikation in der Deutschen Nationalbibliografie; detaillierte bibliografische Daten sind im Internet über ›http://dnb.d-nb.de‹ abrufbar.

ISBN: 978-3-8340-0341-6

Schneider Verlag Hohengehren, Wilhelmstr. 13, D-73666 Baltmannsweiler

© Schneider Verlag Hohengehren, 73666 Baltmannsweiler 2008
Printed in Germany – Druck: Hofmann, Schorndorf

# Inhaltsverzeichnis

# Zu Beginn

Der erste Satz eines Buches entscheidet häufig darüber, ob es überhaupt gelesen wird oder nicht. Wenn der erste Satz so gestaltet ist, dass Sie auch den zweiten Satz lesen – was Sie im Moment bereits tun –, gehen Sie vielleicht den gesamten Abschnitt oder sogar das ganze Buch durch. Der Auftritt, der erste Satz, ja vielleicht das erste Wort ist entscheidend. Das ist bereits Theater!

Wie kann ich so sprechen, dass alle Zuhörer an meinen Lippen hängen? Oder wie kann ich ein simples Experiment so gestalten, dass es den Schülern kalt den Rücken herunterläuft? Wie können Schüler den Unterricht selbst gestalten? Welche Möglichkeiten der Rollenverteilung gibt es? Wie kann ich mit Körperhaltung, Mimik, Gestik und Stimme mich oder etwas bewusst in Szene setzen? Wie lässt sich der Raum und das Licht im Klassenzimmer nutzen?

Alles, was ich in der Schule erlebte, versuchte ich aus einem theatralen Blickwinkel zu sehen. Ich machte die Erfahrung, dass *alles eine Wirkung besitzt.* Shakespeare flüsterte mir zu: „*All the world is stage!*" Damit lässt sich das Hauptanliegen dieses Buches auf zwei Worte reduzieren:

*Alles wirkt!*

Die Aussage ist sehr einfach. So wie der Satz „Kleider machen Leute" uns vertraut ist, stimmt es auch, dass die Stimme die Person ausmacht, die Gangart Autorität verleiht oder dass die Beleuchtung und die Einrichtung die Atmosphäre im Raum mitgestalten.

*Alles wirkt.*

## Benutzerhinweise

*Theater.* Lässt sich ein so buntes und lebendiges Thema in ein Buch hineinpressen?

Heute denke ich fast, es geht nicht: etwas *schreiben,* das eigentlich *getan* werden müsste! Vielleicht können Sie dieses Gefühl nach dem Lesen nachvollziehen. Wenn dem so ist, dann macht dieses Buch im wörtlichen Sinne *Sinn.*

Dieses Buch soll den Einsatz von theatralen Methoden sehr einfach gestalten. Sie können also die Vorschläge in dem Buch einfach ausprobieren. Die einzelnen Kapitel bauen nur bedingt aufeinander auf. Damit Sie das Buch irgendwo aufschlagen und zu lesen beginnen können, gibt es an manchen Stellen Wiederholungen und Querverweise.

Lesen Sie, übernehmen, probieren, verändern oder verwerfen Sie. Theater will, dass Sie damit *spielen,* und je mehr Sie es tun, desto schneller werden Sie selbst Beispiele für Ihren Unterricht erfinden. Theater geht immer den ganzen Menschen an – wer sich darauf einlässt, wird sich verändern.

Für alle Methoden gilt das *Paradoxon des Spiels*:
„*Keine Regel muss strenger eingehalten werden als eine Spielregel.*
*Das Spiel fordert, wenn es einen Sinn haben soll, Unterwerfung unter die*
*Regel.*
*Das Spiel als die Betätigung höchster Freiheit ist möglich nur in der Zwangs-*
*jacke der Regel.*"
(Martin Mosebach, SZ vom 1./2. Juli 2006 zum Tode von Robert Gernhardt)

Last but not least möchte ich mich bei den Leserinnen für die männliche
Schreibform entschuldigen. Natürlich *wirkt* das. Es ist ein Spagat zwischen
Lesbarkeit und politischer Korrektheit. Mit Leser ist also auch immer Lese-
rin gemeint, mit Lehrer auch Lehrerin, mit Schüler auch Schülerin.

*Dieses Buch ist meinem Lehrer in*
*Körperbeherrschung*
*Forschungsdrang*
*Aufmerksamkeit*
*Improvisation*
*Spontaneität*
*Authentizität*
*Kreativität*
*Direktheit*
*und Liebe*
*gewidmet:*

Meinem Sohn Jim Tarem Krischan Kramer

# Kapitel 1  Dramaturgie von Unterricht

## 1.1  Eine Aufführung?

Möchten oder müssen Sie vielleicht ein Stück aufführen? Arbeiten Sie gerade an der Inszenierung? Nein? Wirklich nicht? Auch nicht an einer in dieser Art, wie sie gut in jedem deutschen Lehr- oder Bildungsplan stehen könnte?

---

Religion präsentiert heute in der Sekundarstufe I:
*Prophet werden – ein Prozess*

Biologie präsentiert in der Sekundarstufe II:
*Abhängigkeit eines Lebewesens von seiner Umwelt*

Jedes Drama in mehreren Akten zu je 45 Minuten, Eintritt frei.

---

Falls Sie Lehrer sind, dann ist genau das Ihr tägliches Brot. Sie werden dafür bezahlt, dass Sie ein vorgegebenes Stück inszenieren! Und Sie haben das Glück, dass Sie ständig Aufträge bekommen – vielleicht auch das Pech, keinen davon ablehnen zu können. Ein kleiner Trost: Es ist mühsam, bis man sich auf ein Stück geeinigt hat, manchmal ist eine feste Vorgabe besser. Und wenn Sie das nicht tröstet: Es kommt gar nicht so sehr auf das umzusetzende Stück selbst an, ob die Aufführung gut oder schlecht wird. Betrachten wir ein konkretes Beispiel, das sich in vielen Schulen in Deutschland Jahr für Jahr genau so ereignen könnte. Es handelt sich um den Vorschlag eines Fachleiters für Mathematik zum Unterrichtsbeginn, Thema: „Satzgruppe des Pythagoras", Klasse 9.

*(Lehrer steht vor den Schülern)*
*„Was wisst ihr denn schon über Dreiecke?"*
*„Da habt ihr doch schon einige Sätze kennen gelernt!"*
*„Richtig! Richtig! Genau, da haben wir über Winkel etwas gelernt, mhm!"*
*„Genau, den Innenwinkelsatz – kann den jemand aufsagen?"*
*„Schön!"*
*„Aber jetzt sind wir ja nicht mehr in Klasse 8, sondern sind schon älter geworden und beschäftigen uns jetzt mit den Strecken im Dreieck – das ist spannend."*

Das ist ungefähr die Dramaturgie einer Fernsehserie, ausgestrahlt vor den Nachrichten: Man weiß schon zu Beginn, wie es ausgeht.

Theatralisch gesehen ist diese Einführung – war es ein Motivationsversuch? – eine Katastrophe. Das hat viele Gründe:

- Die Schüler sind in dem Lehrer-Schüler-Ping-Pong-Gespräch fast
  überflüssig und austauschbar. Sie haben nur das Häppchen zu geben,
  damit der Lehrer weitermachen kann.

- Der Lehrer begreift sein Gegenüber nicht: Er schlägt einen kindlichen
  Ton an, und im pubertierenden Alter ist das das Letzte, was sein Publikum hören will.

- Und dann *sagt* der Vortragende auch noch, *was* spannend sein soll,
  und unterbindet damit selbst das Entstehen von Spannung. Der Schüler riecht sofort den Braten: *„Was der mir erzählt, ist langweilig. Der
  tut nur so, als ob's interessant wäre."* So tun als ob ist das Schlimmste.
  So tun als ob ist Schauspielerei! Schauspielerei ist ein Schimpfwort,
  Schauspieler sein dagegen nicht! Ein Rat für diese Art von Fachleiter,
  mit den Worten des Schauspiellehrers Keith Johnstone ausgedrückt:
  „Seid langweiliger!"[1] Damit wäre zumindest die Rolle unseres Fachleiters authentisch! Langeweile ist nicht das Schlimmste!

So besteht über die Hälfte der Lehrertätigkeit aus Theater, meist sogar aus
schlechtem Theater. Dieses Kapitel versucht *Unterricht als ein Bühnenstück*
zu begreifen, in dem Inhalte transportiert werden. Es folgen Mittel und
Werkzeuge, um eine Unterrichtsstunde bewusst zu inszenieren. Sie werden
also ein Stück weit zum Dramaturgen. Auch wenn die *Dramaturgie von
Unterricht* unbedingt in die Lehrerausbildung gehört, möchte ich mich an
dieser Stelle von jeder Ausbildung distanzieren, die Dinge und Handlungs-
weisen *vorschreibt*. Es geht darum, aus einer Palette an Möglichkeiten frei
zu wählen und auszuprobieren. Sie können nur das authentisch umsetzen,
was Ihnen entspricht.

Zum Schluss noch der Versuch, einem Vorurteil entgegenwirken: Mitunter
begegnet man Argumenten, dass es gar nicht mehr um den Inhalt geht,
sondern nur noch um die Form. Schüler brauchen keine Theatervorstellung,
sondern sollen etwas lernen! Vielleicht trägt dieses Bild als Antwort:
Der Inhalt ist ein Stück Holz – das Material zum Aufbau von Wissen und
Bildung –, aber ohne einen Fluss, der das Holz trägt und transportiert,
kommt nichts an.


## 1.2  Von der Stoffvorgabe zum Unterricht: Textarbeit

Unterricht ist wie Bildzeitung lesen: **Es gibt eine Schlagzeile, die jeder
mitbekommt,** *den Untertitel liest nur noch die Hälfte,* und für das Kleinge-
druckte bleiben nur noch ein paar Interessierte übrig.
Das ist eine rohe Form von Didaktik. Die Idee ist provokant genial: Reduzierung und Rückführung auf das Wesentliche.

---

[1]  Keith Johnstone: „Theaterspiele", Alexander Verlag Berlin, 5. Auflage 1998

Möchte man einen Text oder ein Thema – zum Beispiel den Bildungsplan – zu einem Bühnenstück umformulieren, besteht der erste Schritt in der Textarbeit und hierbei in der Vereinfachung:

*Wenn Sie Ihr Thema einem Fünfjährigen nicht erklären können, dann haben Sie es selbst nicht verstanden!*

Der Unterrichtsgegenstand ist also so lange zu vereinfachen, bis man ihn in einem Satz ausdrücken kann. Das geht nicht immer? Das geht *immer*! Hier ein abstraktes Beispiel. Wenn Sie dieses Thema schon immer als schlimm empfunden haben und noch nie verstanden haben – umso besser: Integralrechnung – ein Stück Oberstufenmathematik.

*„Je kleiner die Quadrate sind, um eine unbekannte Fläche zu bestimmen, desto genauer kann man sich annähern.“*

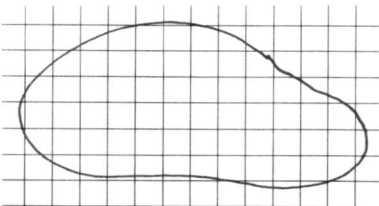

*Integralrechung*

Es geht wirklich *immer*! Mit etwas Übung macht es richtig Spaß, beispielsweise Schillers Bedeutung in einem Satz auszudrücken.

Hier die Annäherung einer Deutschlehrerin:

*„Das geht nicht. Schillers Bedeutung kann man nicht in einem Satz zusammenfassen!“*

Erste Vereinfachung zu Schiller:

Schiller gilt als Dichter der Freiheit, der politischen Freiheit vor jeder absolutistischen Willkür. Diese Idee hat ihn so sehr beherrscht, dass sein Geist diese Freiheit auch gegenüber dem eigenen Körper eingelöst hat. So war Schiller zeitlebens krank. Aber sein unabdingbarer Freiheitswille kann als Vorbild für jeden Einzelnen von uns von Bedeutung sein.

Die Beharrlichkeit, auf einem Satz zu bestehen, führte zur zweiten Vereinfachung:

Schiller gilt als Dichter der Freiheit, sein unabdingbarer Freiheitswille kann Vorbild für jeden Einzelnen von uns sein.

Auf die Frage nach einer Umformulierung für einen Fünfjährigen kam die spontane Antwort: „Ich weiß nicht, ob ein Fünfjähriger den Begriff Freiheit versteht." Hier die dritte Vereinfachung:

Friedrich Schiller war ein Dichter, er musste schreiben, um frei zu sein; mit dem, was er schrieb, wollte er allen Menschen sagen, dass sie auch frei sind.

Ob das jetzt von einem Fünfjährigen verstanden wird? Die Schwierigkeit in der Vereinfachung liegt vor allem darin, nicht falsch oder oberflächlich zu werden. Hierzu ein Beispiel:

Mein Sohn (drei Jahre) fragte mich, wo denn die Sonne abends hingehen würde. *„Die Sonne geht wie du abends schlafen"* wäre eine falsche Antwort, und früher oder später würde der Junge dahinterkommen: *„Papa, wo ist das Bett der Sonne? Warum verbrennt ihr Bett nicht, wenn die Sonne so heiß ist?"*

Die Schwierigkeit liegt also darin zu vereinfachen, *ohne* dabei falsch zu werden. Um dieses Beispiel aufzulösen: Die Antwort „Die Sonne versteckt sich abends" – enthält zwar nicht die gesamte Problematik der Erdrotation, ist aber richtig und weiterführend: *„Papa, wo versteckt sich die Sonne?"* – *„In Amerika!"*

Hat man die Grundidee gefunden, hat man das gesamte Stück begriffen. Wer möchte, kann noch einen Schritt weiter gehen und diese Fragen beantworten:

- Was ist die Grundidee des Stückes?
- Was ist sein Ziel?
- Was ist ihre Grundfrage?
- Was ist die Antwort auf die Grundfrage?
- Was ist das Herz der Frage?

In dem Beispiel der Integralrechnung könnten die Fragen so lauten:

- Was ist die Grundidee der Intergralrechnung?
  *Mit unendlich vielen kleinen Flächenstücken einen exakten Flächeninhalt zu berechnen.*
- Was ist ihr Ziel?
  *Herauszufinden, wie man das rechnen kann.*
- Was ist ihre Grundfrage?
  *Kann man das überhaupt rechnen?*
- Was ist die Antwort auf die Grundfrage?
  *Ja, wenn die einhüllende Kurve bekannt ist.*
- Was ist das Herz der Frage?
  *Die Faszination über den Umgang mit der Unendlichkeit.*

Lernen ist immer mit dem Menschen, der lernt, verknüpft. Somit ist Lernen auch immer ein emotionales Lernen. Wenn Sie sich etwas einprägen möchten, so ist ein *emotionales Bewerten* hilfreich: Das mag ich, das hingegen mag ich nicht.

So ist es besser, nur mit diesem einen vereinfachten Satz in den Unterricht zu gehen, als mit Tafelanschrieb, Unterrichtsgespräch und Unterrichtsform. Es ist gar nicht schlecht, einmal *nur* mit diesem Satz das Klassenzimmer zu betreten, man unterrichtet viel näher am „Publikum" und an der zentralen Aussage.

## 1.3 Der erste Augenblick – das erste Mal

Der erste Eindruck ist entscheidend. Die erste Stunde, die erste Begegnung mit einer Klasse, sie kommt nie wieder. Es gibt nur *ein* erstes Mal. Eine kurze Anekdote:

*Der junge Stanislawski kam zu einer ersten Probe ein paar Minuten zu spät. Daraufhin schimpfte ihn sein Lehrer aus. Nach der „Predigt" verkündete der Lehrer, es sollten alle heimgehen, durch das Schreien wäre die erste Probe gestört und die erste Probe sei eine „heilige".*

Es soll hier nicht entschieden werden, ob dieser Lehrer überreagiert hat oder nicht. Klar ist, dass im ersten Augenblick die Grundsteine für alles Kommende gelegt werden: Maßstäbe und Regeln werden genauso festgesetzt wie auch das Interesse und die Faszination für einen Gedanken oder ein Fach. Denken Sie an Ihre Lehrer zurück – oft erinnern Sie sich (nur) noch an das erste Auftreten.

Ich glaube, dass es gar nicht die erste Stunde ist, sondern schon die ersten Sekunden einer Begegnung, die das Folgende leiten. Beim ersten Auftritt macht sich der Zuschauer ein Bild von Ihnen. Überlegen Sie sich, welches Bild Sie zeichnen und welche Strukturen Sie legen möchten. Nie wieder hört Ihnen jemand so gespannt zu. Beim ersten Mal ist einfach alles so, man muss es nicht großartig begründen. Als Beispiel rücke man einen Tag vor Schulbeginn Tische und Bänke zurecht, wie es einem günstig erscheint. Sie werden sehen: in den meisten Fällen wird das einfach hingenommen. Versuchen Sie einmal innerhalb des Jahres die Sitzordnung umzustellen – Sie werden aus dem Diskutieren nicht herausfinden (vgl. auch Abschnitt 2.1).

Jetzt (und nur jetzt) gibt es die Möglichkeit, Regeln einzuführen. Alles wirkt in diesen ersten Momenten zehnfach:

Werfen Sie einen Schüler in der ersten Stunde hinaus, wirkt das zehnmal stärker als in irgendeiner anderen Stunde, loben Sie einen Schüler in der ersten Stunde, so wirkt das ebenfalls zehnfach! Bedenken Sie: Nicht nur die Wirkung auf die Atmosphäre ist potenziert – genauso die Wirkung eines Lobes oder einer Sanktion auf den Schüler.

Dabei stellt das Abschaffen bereits ausgemachter Regeln überhaupt kein Problem dar, hingegen wird die Einführung solcher Regeln – falls es nicht sofort zu Beginn geschehen ist – sehr schwer. Der Mensch ist eben so gestrickt, dass er das meiste einfach akzeptiert. „Zügel zuerst eng halten, dann stückweise loslassen" lautet also die Parole für die Praxis.

Im nächsten Abschnitt wird eine Technik vorgestellt, mit der ein Lehrer „*das Geheimnis des ersten Mals*" und die darin enthaltene Spannung zumindest teilweise in das Unterrichtsjahr mit hineinnehmen und auch erhalten kann. Streng genommen gehört folgender Abschnitt nach Kapitel 3: Der Lehrer als Schauspieler.

## 1.4 Bewusstes Überraschenlassen

Uli Gundert – ein erfahrener Kollege, den ich sehr schätze – meinte nach längeren Ferien: „Ich weiß nach so langer Zeit fast nicht mehr, wie das geht – ich meine zu unterrichten. Stehe ich dann im Klassenzimmer, geht's wieder. Wenn ich zum ersten Mal im neuen Schuljahr eine Klasse sehe, so ist wieder alles neu und spannend." Das also macht die Qualität seines Unterrichts aus: *Vergessen!*

Diese Betrachtungsweise ist ungewohnt. Für gewöhnlich glaubt man: Je öfter man etwas unterrichtet, desto besser wird der Unterricht. Das muss aber nicht so sein. Es verhält sich nicht anders als mit der ersten Improvisation einer Theaterszene: Die erste verläuft fast immer großartig. Alle sind begeistert. Und weil's so gut war, versucht man sofort die Wiederholung, leider mit einem niederschmetternden Ergebnis: Der ganze Zauber ist verflogen. Und es ist harte Arbeit nötig, um das Niveau der ersten Improvisation wieder zu erreichen. Auf den Unterricht bezogen heißt das, dass Wiederholungen die Unterrichtsqualität nicht unbedingt besser machen. Fachfremdes Unterrichten besitzt beispielsweise auch dadurch seine Stärke, dass man den Schülern nur wenig voraus ist und für den Unterrichtenden selbst alles neu ist. Die Tatsache, dass der Zauber mit der Wiederholung häufig verschwindet, wird in Abschnitt 7.1 bewusst genutzt. Hier wird durch die Wiederholung ein Streit entschärft. Ob es einem passt oder nicht: Der zweite Auftritt, die Wiederholung ist im Allgemeinen schlechter.

Kann man *bewusst vergessen* – so dass man sich *überraschen lassen* kann, ohne dass dabei Erfahrungen verloren gehen? Ja, es geht. Im hinteren Teil dieses Abschnittes sind konkrete Vorschläge aufgezeigt.

Mit dem Wissen, dass *fehlende Erfahrung* ein Vorteil sein kann, da es den Zauber des *ersten Mals* in sich birgt, lässt sich ein Generationenstreit zwischen Alt- und Junglehrer entschärfen. Der ältere Kollege denkt von sich, dass er besser als der Junglehrer unterrichtet, weil er aus Erfahrung *weiß*, wie der Unterricht ablaufen wird, was funktioniert und was nicht. *„Ein Referendar ist vielleicht sehr motiviert, aber er macht Fehler! Er wird es schon noch lernen."* Hingegen denkt der Neuling öfter, dass er völlig verhärteten Strukturen und einer Pädagogik begegnet, die einem alten Ehepaar gleicht: Es funktioniert zwar alles irgendwie, weil alles eingespielt ist, aber im Grunde passiert nichts mehr. *„Die Lebendigkeit fehlt!"*

Wer unterrichtet nun besser? Wer hat Recht? Betrachten wir den Unterricht wieder als Bühnenstück: Mit jeder Aufführung ist der Ablauf klarer und sicherer, aber der Zauber ist verflogen. Das Geheimnis der Spannung ist die Überraschung, ein Geheimnis eines guten Schauspielers ist: sich *bewusst überraschen zu lassen.*

Das Geheimnis des *bewussten Vergessens* oder *des bewussten Überraschens* lässt sich mit Hilfe des Werte- und Entwicklungsquadrates von Schulz von Thun (vgl. Schulz von Thun 1997) erklären und damit auch die Frage, wer denn nun besser unterrichten kann – der Referendar oder der Lehrer mit 20 Jahren Berufspraxis –, ad absurdum führen. Es stehen sich zwei Werte gegenüber: *das Neue* und *die Erfahrung.*

Spannung zwischen Wertegegensätzen

Das Neue ist geheimnisvoll und deshalb schon interessant: „Und jedem Anfang wohnt ein Zauber inne." Ebenso ist Erfahrung ein hoher Wert, schließlich hat man schon viel mehr erlebt und hat dadurch auch einen breiteren Handlungsspielraum. Beides ist offensichtlich sehr gut und stellt einen Wert dar. Allerdings hat beides auch Schattenseiten: So bringt das Betreten von Neuland oft Unsicherheit mit sich, man macht Fehler. Zuviel an Erfahrung führt andererseits leicht zu verhärteten Strukturen. In Abbildung 1 stehen oben die Werte *„Erfahrung* und *das Neue"* und unten ihre entsprechenden Entwertungen: *„Verhärtete Strukturen"* auf der einen Seite, *„Unsicherheit und Fehler"* auf der anderen Seite. Üblicherweise greifen sich die Streitpartner über „die Diagonale der Entwertungen" an. Durchschaut man dieses Wertequadrat mit seinen vier Eckpunkten, so scheint ein Streit über dieses Thema überflüssig und dumm. Es ist ja nicht so, dass einer im Unrecht wäre und der andere im Recht. Beide haben Recht und haben es nur nicht geschafft, über den eigenen Tellerrand zu blicken. Vielleicht haben es Leute mit dem „Tellerrand" umso schwerer, je länger sie schon in der Suppe schwimmen.

Wie kann man beiden – auf den ersten Blick widersprüchlichen – Werten gerecht werden? Man müsste Erfahrung haben *und* es gleichzeitig das erste

Mal tun! Der Schauspieler, der im Park von seiner Freundin überrascht wird, lässt sich auch – soll es im Theater wirken – das 34. Mal von ihr überraschen. Er weiß, dass sie kommt, er weiß, wann sie kommt, und *trotzdem* lässt er sich überraschen. Diese Erfahrung lässt sich in einem Satz ausdrücken:

*„Wenn ich unterrichte, so soll es sein, als ob ich das Thema zum ersten Mal durchdenke! Als verstehe und entdecke ich selbst zum ersten Mal! – Unterricht soll wie ein Lied sein, das beim Singen entsteht."*

Nun kommen wir zum schwierigsten Punkt: *Wie* können wir bewusst etwas vergessen, ohne unsere Erfahrung einzubüßen? Wie gelingt es Uli Gundert, meinem erfahrenen Kollegen?

Es hilft, wenn man sich darauf besinnt, dass jetzt etwas vollkommen Neues passiert: *Du kennst die Klasse nicht, sie kennt dich nicht. Die Klasse ist ein Gesicht, in das du zum ersten Mal hineinschaust. Mit jeder Äußerung der Klasse zeichnen sich Linien ab, Falten entstehen – das Gesicht ist nicht mehr glatt, gewinnt an Strukturen, an Stärken, an Problemen, aber vor allem an Leben.* Der erste Moment ist ein Genuss: Nichts sagen, einfach die ersten Augenblicke in der Stille genießen – warten und Aushalten der Stille. – Die erste Begegnung ist etwas ganz Besonderes.

Einem anderen möge helfen, dass „man nie zweimal in den gleichen Fluss steigt". Man unterrichte also nie zweimal das Gleiche: Verändern Sie irgendetwas, machen Sie irgendetwas anders und neu. Diktieren Sie ins Heft, wenn Sie an dieser Stelle noch nie diktiert haben, lesen Sie vor an Stellen, die Schüler vor einem Jahr gelesen haben … Das *bewusste Überraschenlassen* ist nicht so schwer, wie es sich im ersten Moment anhört. Und es lohnt sich, auf diese Weise gegen Abgedroschenheit vorzugehen und lebendig zu bleiben.

Der Gedanke des *bewussten Überraschenlassen* kann falsch verstanden werden: Der Lehrer *imitiert* nicht ein Vergessen, sondern *hat* es vergessen. Das ist ein großer Unterschied: Im Falle der Imitation wird seine Schauspielerei von den „Zuschauern" durchschaut, und auch das wirkt – allerdings sehr peinlich!

Noch eine Bemerkung zur Umsetzung: Der Leser könnte auf den Gedanken kommen, seinen Unterricht nicht mehr vollständig vorzubereiten, da er sich dann *wirklich* überraschen lassen kann. Wird das nicht als Vorwand für eigene Bequemlichkeit benutzt, steckt in dem bewussten Auslassen innerhalb der eigenen Vorbereitung gewiss eine Qualität! Treffender ist jedoch folgendes Bild: „*Möchtest du den Blues können, dann lerne alles, was du kriegen kannst, spiel das gesamte 'Real Book' rauf und runter, lerne es auswendig, höre dir verschiedene Interpretationen an, kopiere sie so genau wie nur möglich – und dann, wenn du soweit bist: vergiss alles, was du gelernt hast, und spiele aus dir selbst heraus. Wenn du spielst, soll es so klingen, als sei es das erste Mal!"*

## 1.5  Weitere theatrale Mittel

Dieser Abschnitt versucht das nahezu Unmögliche: Er möchte Ihnen den Wert verschiedener theatraler Mittel aufzeigen – das geht vielleicht noch, aber was schlimmer ist: Sie sollen theatrale Mittel in der Praxis ausprobieren.

Es geht um Grundprinzipien, ohne die ein Bühnenstück zum Scheitern verurteilt ist. Natürlich können diese verändert werden. In ihrer Reinform gehören sie in jede Lehrerausbildung, nicht als abstrakt gelerntes und abfragbares Wissen, sondern in der praktischen Umsetzung. Das Folgende begreift man erst dann in seiner Tragweite, wenn man es in der Praxis studiert und erlebt hat.

Dieses Unterkapitel ist also keine „Anregung" für etwas. Durchlesen allein bringt gar nichts. Um theatrale Mittel im Unterricht umzusetzen, müssen Sie damit spielen. Und weiter: Sie sollten sich in Ihrem Spiel, Ihrer Übung beobachten lassen. Sie können Referendare zur gezielten Beobachtung nützen. Es steht Ihnen frei, sich mit einer Videokamera aufzeichnen zu lassen. Nehmen Sie sich *eine* Sache vor und lassen Sie sich *nur* über diese ein Feedback geben. Sie werden vermutlich erleben, dass Sie gerade in den spannendsten Momenten Ihrem selbst gewählten Prinzip keine Beachtung schenken.

### Sei nicht originell

„*Seid langweilig!*" ist ein Rat von Keith Jonestone an seine Schüler (vgl. Jonestone 2004). „*Originell sein* und *stupide sein* ist oft das gleiche". Die Einfachheit (nicht die Plumpheit) besticht! Wenn ich die Absicht hätte, Ihnen hier eine möglichst originelle Anleitung zur praktischen Umsetzung zu liefern, würde ich vermutlich scheitern. Ich versuche also gar nicht, etwas Besonderes zu Papier zu bringen – das entspannt ungemein. Seien Sie also durchschnittlich oder besser: Konzentrieren Sie sich auf die Durchschnittlichkeit – das wirkt! Immer wieder gibt es Lehrer, die besonders originell sein wollen: Peinlich, und wenn's der Lehrer nicht einmal selbst merkt, ist es noch peinlicher. Humor und Witz entstehen nicht aus Ihrer Person heraus, sondern aus Situationen. Sie können eine Atmosphäre schaffen, die Originelles fördert, aber bitte *seien* Sie nicht originell. Der Witz entsteht immer da, wo man ihn am wenigsten vermutet.

### Ganz oder gar nicht

Entweder man macht es oder man lässt es. Dazwischen gibt es Langeweile. Formulierungen wie zum Beispiel: „*Man könnte hier darüber nachdenken …*" sind sicherlich richtig, doch fragt sich der Zuschauer: „*Warum lässt man das Nachdenken dann bleiben, ist es nichts wert?*" Die Glaubwürdigkeit ist dahin!

Klare Aussagen verschaffen Klarheit. Wenn Sie fünf Dinge sagen möchten, Ihnen bleibt aber nur Zeit für drei, dann kürzen Sie nicht an allen fünf, sondern streichen Sie zwei komplett! Hier ist drei *mehr* als fünf!

Was man ebenfalls häufig beobachten kann, ist die Neigung zu überflüssigem: *„Ich habe einmal ein Bild davon gesehen, allerdings weiß ich nicht mehr genau wo …".* Der Zuschauer ist spätestens hier eingeschlafen, der Kritiker schüttelt den Kopf: *„Lass es doch einfach weg!"*

Vielleicht trauen Sie sich folgende Folienübung: Jedes Wort, das nachgewiesenermaßen auf Ihrer Folie überflüssig ist, bringt der Klassenkasse einen Euro ein. Und noch ein Vorschlag (für den Humor): Wenn Sie das ein paar Mal gemacht haben, dann untersuchen Sie eine Folie bei der nächsten Gesamtlehrerkonferenz nach diesem Kriterium.)

Das Eigentümliche: Der Schreiber oder Redner selbst ist blind für die eigenen überflüssigen Sätze. Sonst würde er sie ja nicht schreiben oder sagen! Sie können einen Schüler, Referendar oder sonst einen Beobachter überflüssige Bemerkungen mitschreiben lassen. Mit der Folienübung anzufangen ist allerdings wesentlich milder.

Ein weiterer Punkt: Unklarheit strahlt Unsicherheit aus: *„Wer möchte, kann sich noch das Zug um Zug-Prinzip im folgenden Unterkapitel anschauen."* Wenn Sie etwas sagen wollen, dann sagen Sie es deutlich: *„Lesen Sie bitte das Zug um Zug-Prinzip!"* Noch besser ist es, wenn Sie ganz hinter Ihrer Aussage stehen: *„Das Zug um Zug-Prinzip ist genial. Wenn Sie nur noch Lesezeit für eine Sache haben, dann lesen Sie bitte dieses!"*

## Das Zug um Zug-Prinzip

Versetzen wir uns in den Zuschauer eines Theaterstückes.
*Das will der Zuschauer: das Stück sehen.*
*Das soll der Zuschauer: das Stück verstehen.*
Leider handelt es sich in der Schule um eine „Zwangsvorstellung": Der Schüler muss ja den Unterricht besuchen. Daher muss ein Wort verändert werden:
*Das muss der Zuschauer: das Stück sehen.*
*Das soll der Zuschauer: das Stück verstehen.*

Je *klarer* die Abfolge des Stücks, desto interessanter wird es. Der Zuschauer kann sich nur auf *eine* Sache konzentrieren. Betrachten wir das Gegenteil von Einfachheit und Klarheit: Multitasking. Manche können das hervorragend – meist sind es Frauen, die fünf Dinge auf einmal tun können – bewundernswert! Vor zwei Jahren hatte ich Verhaltensweisen, die mir als Lehrer sinnvoll erschienen, zu einem Kartenspiel verarbeitet, um mich regelmäßig in diesen so genannten Skills zu üben. Hier die Karte für Multitasking:

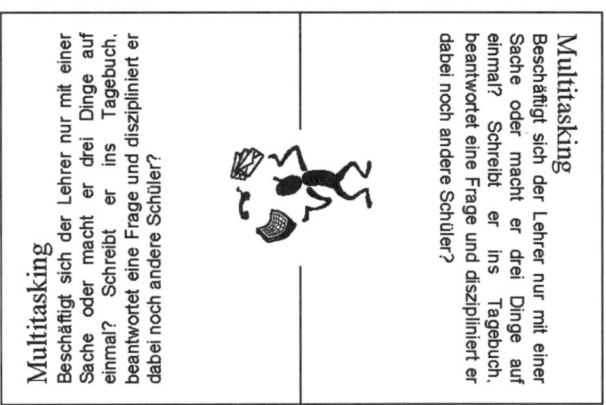

**Multitasking**
Beschäftigt sich der Lehrer nur mit einer Sache oder macht er drei Dinge auf einmal? Schreibt er ins Tagebuch, beantwortet eine Frage und diszipliniert er dabei noch andere Schüler?

**Multitasking**
Beschäftigt sich der Lehrer nur mit einer Sache oder macht er drei Dinge auf einmal? Schreibt er ins Tagebuch, beantwortet eine Frage und diszipliniert er dabei noch andere Schüler?

Was für die eigene Lebensführung und das eigene Management hervorragend geeignet ist, schadet auf der Bühne. Wenn der Schüler drei Dinge auf einmal beachten soll, kommt meist nichts an. Wenn Sie wollen, dass der Schüler drei Dinge beachten soll, müssen Sie es ihm nacheinander beibringen, Schritt für Schritt. Natürlich ist das selbstverständlich – wenn man es liest. In der Praxis ist das keineswegs so. Daher das folgende Zug um Zug-Prinzip. Das Beherrschen dieser Technik hilft in sehr vielen Situationen: Streitgespräche, Unterrichtsgespräche, Bühnendramatik.

Zug um Zug fordert den Dreischritt: beobachten – bewerten – reagieren. Im Normalfall (z. B. auf den Vorwurf *„Du bist schuld!"*) reagieren wir *sofort*, sei es abwehrend oder verteidigend. Entsprechend dem Dreischritt wäre erst die Beobachtung an der Reihe: *„Aha, dieser Mensch sagt mir, dass ich schuld bin!"* Dann die Bewertung: *„Hä? Interessant – wie kommt ein normaler Mensch denn auf so was? Moment! Hat der nicht mehr alle?"* Und schließlich die Reaktion: *„Findest du?"* oder *„Stimmt!"* oder *„Bist du sicher?"*

Das Zug um Zug-Prinzip lässt immer nur *eine* Sache zu: Wenn also der Schüler sich am Overheadprojektor etwas ansehen soll, dann bitte nicht dazu sprechen. Entweder Bild oder Ton. Das Prinzip *„Immer nur einer spricht!"* bedeutet also viel mehr, als es auf den ersten Blick erscheint.

Noch ein Beispiel: Der Schüler antwortet auf eine Lehrerfrage. Statt unmittelbar darauf zu antworten, kann wieder der Dreischritt angewendet werden:

    1.)   Beobachten – *Was genau sagt der Schüler und wie sagt er es?*

    2.)   Bewerten – *Ist das so richtig? Gibt es Alternativen? Ist die Antwort gut für diesen Schüler? War er mutig? Hat er selbst eine Chance, die Antwort zu korrigieren?*

3.) Reagieren – *Die Antwort loben oder richtig stellen oder dem Schüler noch eine Möglichkeit geben. Oder, oder, oder …*

Ein nicht zu unterschätzender Aspekt: Das Zug um Zug-Prinzip bringt eine Spannung, die nicht durch eine sofortige Antwort erzeugt wird. Im Abschnitt 2.3 „Territorien des Lehrers" wird das Thema unter dem Aspekt Körper und Raum nochmals aufgegriffen.

## Keine Kopie – nur Originale

Eine Kopie bleibt immer eine Kopie und ist demnach weniger wert als das Original. Versuchen Sie also nicht, etwas zu tun, was andere tun. Damit ist nicht gemeint, dass Sie nicht nach Ihren (Lehrer-)Rollen suchen sollen, sondern dass Sie niemanden kopieren sollten. Fast jeder Mensch hat sein eigenes Potenzial an Möglichkeiten, Handlungs- und Verhaltenstrategien. Diese funktionieren auch nur bei ihm selbst. Die Methode ist nicht entscheidend, aber es muss die passende Methode für den entsprechenden Lehrer oder Menschen sein.

„Suche deinen eigenen Weg!" mutet etwas esoterisch an. Vielleicht ist die Formulierung im Zug um Zug-Prinzip besser: *beobachte* zuerst, *bewerte* und *reagiere* dann aus dir selbst heraus.

## 1.6 Polarisierungen

Gegensätze sind spannend. Gegensätze sind interessant. Man sieht Licht nur da, wo auch Schatten ist.

Spannung – Entspannung. Jeder Muskel funktioniert so. Der Geist funktioniert so. Hüten Sie sich also vor Gleichschritt. Seien Sie beständig im Inhalt, aber unbeständig in der Form. Wechseln Sie in die Gegensätze! Ist Ihre Einführung langsam und ernst, so seien Sie in der Übung schnell und gewitzt. Sprechen Sie langsam, wenn es um Geschwindigkeit geht.

Wir handeln in aller Regel aus dem Bauch heraus. Mal reden wir schnell, mal diktieren wir an der Tafel, mal fordern wir … Durch bewussten Einbau von Gegensätzen erzeugt man Spannung.

Bisher haben wir nur den Gegensatz innerhalb einzelner Techniken vorgestellt. Sehr spannend – allerdings auch schwierig – ist es, als Unterrichtender ein gegensätzliches Verhalten zwischen Lehrer und Schüler zu gestalten. So ist es innerhalb der Klasse durchaus sinnvoll, das ausgleichende Moment zu sein. Drehen alle Schüler durch, so seien Sie ruhig. Finden sie es fade, so finden Sie es interessant.

Liste an Gegensätzen zum Aspekt

| | |
|---|---|
| laut | leise |
| ernst | humorvoll |
| Sprechen | Schweigen |
| Sprechen | Schreiben |
| verbal | nonverbal |
| begeistert | unberührt |
| autoritär | eigenverantwortlich |
| langsames Unterrichtstempo | schnelles Unterrichtstempo |
| betontes Sprechen | monotones Sprechen |
| Zeit lassend | fordernd |

Folgendes ist sicherlich keine Standardlösung für alle Klassen, aber viel-leicht haben Sie eine Klasse, bei der „nichts mehr hilft". Eine Möglichkeit, etwas zu verändern, besteht darin, genau entgegengesetzt zu reagieren:

Sind die Schüler lustlos und unwillig, so zeigen Sie sich motiviert. Haben sie keine Lust auf Unterricht, so seien Sie höchst interessiert. Möchten sie frü-her gehen, lassen Sie sie länger arbeiten, sind sie arbeitsam, so schicken Sie sie früher nach Hause.

## 1.7  Warum sollte jemand zuhören?

Warum lesen Sie in diesem Buch? Nun, Sie sind davon *überzeugt*, dass Thea-ter ein spannendes Thema ist. Also wollen Sie sich hier *informieren*, und zu guter Letzt habe ich mir Mühe gegeben, *unterhaltsam* zu schreiben. Ich möchte jetzt nicht analysieren, ob ich die kursiv gedruckten Forderungen alle erfüllt habe, immerhin bilden sie nach Cicero (106–43 v. Chr.) die Säu-len eines Vortrages:

Die drei Säulen eines Vortrages

In diesem Unterkapitel geht es um Rhetorik. Der Übergang zum Theater ist fließend und das Wissen hierüber wichtig – für den Lehrer wie auch für den Theaterspieler.

- Im Unterricht wird der Informationsgehalt der Rede meist im Vordergrund stehen. Wenn allerdings nur Information beim Schüler ankommt, schaltet dieser ab.
- Es muss irgendeinen Sinn für ihn machen, damit er Ihnen überhaupt zuhört. Je größer und direkter der Nutzen des Vortrages ist, desto williger und interessierter wird er zuhören.
- Er wird Ihnen allerdings auch nicht ewig zuhören, wenn der Vortrag keinen Unterhaltungswert besitzt. Unterhaltung heißt nicht Effekthascherei: Manch ungeübter Spieler lässt sich durch das Publikum zu immer mehr Späßen verleiten. Die Zuschauer lachen, aber insgesamt ist die Komik hohl und leer. Es geht nicht darum, möglichst viele Lacher zu erzielen. In diesem Sinne ist auch das Unterhaltungsmännchen in Abbildung 3 falsch, da es eher an eine Witzfigur erinnert. (Ich sage hier bewusst nicht Clown. Der Clown ist eine der schwersten Theaterrollen.)

Sicherlich sind Sie auch der folgenden Auffassung schon begegnet, sei es durch Eltern, Kollegen oder Schüler: *„Wenn Ihre Schüler Sie nicht verstanden haben, sind stets Sie schuld, nie Ihre Schüler!“* untenstehende Abbildung drückt diesen Sachverhalt sehr bildhaft aus.

Der Koch kocht immer für seine Gäste

Wenn das Essen nicht schmeckt, dann ist also der Koch schuld!? Für einen Vortrag mag das zutreffen, da Sie entscheiden, ob und worüber Sie reden. Wenn es jedoch einen Bildungsplan gibt und Sie reden *müssen*, verändert sich die Sachlage. Dennoch enthält die Aussage einen wahren Kern: Sie müssen schon wissen, wo ihre Schüler stehen, bevor Sie unterrichten. Einfach ist das nicht! So lautet einer der bekanntesten pädagogischen Lehrsätze *„Man muss die Schüler von dort abholen, wo sie sind“*. So versuche ich also den Bildungsplan beispielsweise in einer neunten Klasse zu erfüllen, während meine Zuhörer alle zwei Minuten an Sex denken, ohne diesen ausleben zu dürfen. Und seltsam: Meine Schüler finden den Lehrsatz des Pythagoras gar nicht so spannend!?

Auch wenn Sie die Diskrepanz zwischen Pubertät und Bildungsplan nicht lösen können, werden Sie anders auftreten und anders wirken, wenn Sie sich in Ihre Schüler hineinversetzen. Eine Hilfe könnten Ihre alten Tagebücher sein, aber auch die Lektüre einiger Jugendzeitschriften ist aufschlussreich. Ich habe viele Zeltlager geleitet und mir stets vorher eine „Bravo" gekauft. Die Schüler finden die Rubrik „Liebe, Sex und Zärtlichkeit" am spannendsten. Manchmal fürchte ich sogar, spannender als den Lehrsatz des Pythagoras.

## 1.8 Die zeitliche Ebene

### Geschwindigkeit und Rhythmus

Gong – dann 45 Minuten – dann wieder Gong. Rhythmus ist sehr tief gehend. Menschen sind „Gewohnheitstiere". Sie brauchen einen Halt und Strukturen in dem sie umgebenden Chaos. Klare Abfolgen wirken beruhigend. Betrachten Sie eine Unterrichtsstunde wie ein Konzert oder einen Gottesdienst. Hier ein Vorschlag, den gesamten Unterricht zu rhythmisieren. Für die Rhythmisierung ist wesentlich, dass jede Stunde zeitlich gleich getaktet wird:

| Zeit | Inhalt | Geschwindig-keit | Konzentration der Schüler |
|---|---|---|---|
| 2 Minuten | Ouvertüre: Vorstellung des Themas | langsam | sehr hoch |
| 8 Minuten | Erster Improvisationsversuch und Hausaufgabenkontrolle | langsam | hoch |
| 5 Minuten | Hausaufgabenbesprechung | schnell | gering |
| 5 Minuten | Solo des Lehrers | langsam | hoch |
| 10 Minuten | Heftaufschrieb und Gestaltung | schnell | gering |
| 5 Minuten | Einfache Übung durch einen Solisten (Lehrer) | langsam | mittel |
| 5 Minuten | Neue Hausaufgabe und Einzelübung | schnell | gering |
| 5 Minuten | Zusammenfassung der Stunde | langsam | sehr hoch |

Die Spalte „Geschwindigkeit" bezieht sich auf das Tempo im Unterricht. Das Thema „schnell – langsam" bzw. „Spannung – Entspannung" wird in 1.6 vertieft. Ich habe hier einen fiktiven Wert der Unterrichtszeit angegeben. So gibt es allein dadurch, wo die kleinen Einheiten *zeitlich* liegen, deutliche Unterschiede. Der Anfang ist neu und dadurch von hoher Aufmerksamkeit geprägt. Das Ende ebenfalls, das ist übrigens ein Grund, warum bei Vorträgen schon ab dem letzten Drittel der Redner immer häufiger an das Ende erinnert: *„Zum Schluss möchte ich noch anmerken …"* oder *„mein allerletzter Punkt …"* und *„jetzt, wo wir am Ende sind …"*. Hört das der Zuschauer, wird er wieder wach. Nun, Sie sind kein (einmaliger) Redner, Sie sind Schauspieler. Sie müssen also nicht 30 Minuten vor Unterrichtsende bereits auf den Schluss verweisen, aber lassen Sie die letzten fünf Minuten nicht mit der Hausaufgabe verpuffen! Rhetorisch gesehen ist es ziemlich egal, wie Ihre Stunde *anfängt*, sondern wie sie *aufhört*.

Die vorangestellte Tabelle beinhaltet acht Zeitschritte und ist demnach kompliziert. Der Nachteil an allem Komplizierten ist weniger das Komplizierte selbst, als dass Kompliziertes selten den Weg in die Praxis findet. Deshalb noch eine wesentlich einfachere Variante als Alternative, bei der die Stunde nur in zwei Teile gegliedert wird: In den ersten 30 Minuten wird *nur gedacht, diskutiert oder experimentiert*. Die Stifte bleiben in der Tasche. Danach bleiben noch 15 Minuten für den Heftaufschrieb. Hier fasst der Lehrer zusammen, und jeder Schüler schreibt für sich das auf, was er für wichtig hält. Es ist also gar nicht daran gedacht, dass der Lehrer zum „Drucker" wird und die Tafel innerhalb weniger Minuten voll schreibt. Jeder Schüler schreibt seinen eigenen Text auf. Ist die Klasse dieses Vorgehen nicht gewöhnt, kann der Lehrer auch zentrale Sätze diktieren. In welcher Form auch aufgeschrieben wird: Der Rhythmus ist hier: 30 Minuten *denken* – 15 Minuten *Gedachtes aufschreiben*.

Noch ein kurzer Ausblick, der nicht theatralischer Natur ist: Ich habe ein starres Zeitgerüst vorgestellt. Der Schüler weiß um den Unterrichtsablauf, er kennt die Form. In gewisser Hinsicht bedeutet das eine Konditionierung des Schülers.

Ich wollte hier eine Möglichkeit aufzeigen und nicht „verordnen". Jedoch erscheint die Einhaltung von Anfang und Ende sinnig: Gong – 45 Minuten – Gong, und nicht: Gong – zwei Minuten Gerede – 43 Minuten – Gong – *„Ich wollte nur noch sagen …"*. Das führt auf eine weitere zeitliche Bedeutung:

## Ende und Anfang – Anfang und Ende

Anfang ist Anfang. Schluss ist Schluss. Und dazwischen wird gespielt! – Das ist alles, aber hier steckt viel drin. Geht der Vorhang auf, geht es los und nicht ein paar Minuten später. Betrachten wir die dramaturgische Bedeutung: Pünktlichkeit ist eine Wertschätzung. Komme ich nicht pünktlich, so war etwas anderes wichtiger. Der Beginn ist entscheidend. Der Beginn ist richtungsweisend.

Ob man zwei Minuten früher oder später anfängt – macht das so einen großen Unterschied? Ja, es geht hier nicht um zwei Minuten, sondern um Wertschätzung. Dort, wo Pünktlichkeit herrscht, dort ist auch ein Wert. Und wenn man die zwei Minuten Verspätung hinten anhängt? Man könnte 20 Minuten hinten anhängen, der Anfang, der Start – er ist futsch!

Dann der Schluss: Die letzte Szene im Theater und dann: Licht aus, Schluss! Jetzt kann der Zuschauer klatschen. Haben Sie schon einmal eine Situation erlebt, in der das Ende unklar war und keiner im Saal so recht wusste, ob er nun mit Klatschen beginnen sollte oder nicht?

Noch etwas zum Schluss: Das letzte Wort! Man möchte es haben, in einer Diskussion, in einem Beitrag – die letzte Zusammenfassung, das letzte Statement: Alles ist wach, ist in der Gewissheit: jetzt ist's aus! Das letzte Wort wird mit auf den Weg gegeben. Die letzte Möglichkeit, eine Botschaft zu versenden: das letzte Wort! Hinarbeitung auf den Schlusspunkt, dessen Wirkung dem Zuschauer im Gedächtnis bleibt.

Goethe schließt den Prolog im Faust mit: *„Es ist gar hübsch von einem großen Herrn, so menschlich mit dem Teufel selbst zu sprechen."* Ein Lehrer schließt seinen Unterricht mit: *„Hausaufgabe: Buch Seite 23, Aufgabe 15 und 18 – den A-Teil bitte fertig machen"* – auch eine Möglichkeit, das „letzte Wort" zu nutzen. Leider keine gute.

Oft werden Schülern die letzten Minuten des Unterrichts für Besprechungen gegeben. Warum gerade dann? Warum nicht irgendwo in der Mitte der Stunde? Der Anfang und der Schluss sind entscheidend – der Mittelteil, sei es Faust oder Unterricht, wird vergessen. Ist es da sinnvoll, die letzten Minuten der Hausaufgabe zu opfern? Eine Zusammenfassung der Stunde ist besser: Diese Worte nimmt der Schüler mit.

Was Sie auch immer im Unterricht tun: Über den Pausengong hinweg zu unterrichten, das ist wie im Theater den Gong zu hören, wenn das Stück noch weitergeht.

## Pausen und ihre Wirkungen

Stellen Sie sich eine Musik ohne Pausen vor: Das Gedudel hört gar nicht mehr auf! Weiter könnte man etwas provokativ behaupten: Die wahre Kunst (des Unterrichtens) ist die des Weglassens. Das ist nicht dumm!

Die zeitliche Ebene ist prinzipiell abstrakter und dadurch fast immer schwerer zu fassen als die räumliche. Den Wert des Weglassens lässt sich ebenfalls klarer im „Räumlichen" verdeutlichen, namentlich in der *Kunst des Zeichnens*:

Von der Kunst des Weglassens (Selbstporträt)

Das Gesicht wirkt deshalb, weil die linke Kante fehlt. Der Betrachter *muss und darf* sich den Rest ergänzen. Die Haare fehlen zu großen Teilen, und auch das Ohr ist nur angedeutet. Augen, Mund und Nase sind nicht vollständig gezeichnet, dort finden sich Lücken. Vervollständigt man das Bild, so ist das Geheimnis fort: das Bild wirkt kindlich und platt.

Es bleibt die Frage, wie diese Beobachtung auf Unterricht bezogen werden soll: Einfach ein Drittel des Stoffes weglassen? Wir kommen am Schluss noch einmal auf diesen Gedanken zurück, vorerst soll es reichen, dass ein Kunstwerk „Leerstellen" braucht und ein Bühnenstück ein Kunstwerk ist.

„Leerstellen" erzielen Wirkung. Betrachten wir genauer den Einsatz von Pausen mit ihren unterschiedlichen Wirkungen – je nach ihrem Kontext: So können Sie schweigen, um einen Schüler zu disziplinieren, diese Stille ist manchmal fast nicht auszuhalten. Genauso kann Schweigen nach einer gegebenen Schülerantwort eine Würdigung sein. Man vergleiche in etwa die Funktion einer Schweigeminute. Die Worte *„Ich warte auf eine Antwort"* kann ebenso durch Schweigen demonstriert werden. Ratlosigkeit kann ausgedrückt werden, aber auch Macht: *Ich bin es, der das Tempo vorgibt!* Aufmerksamkeit kann mit Schweigen in der Regel leichter erreicht werden.

Bisher haben wir nur den Lehrer in seiner Wirkungsweise betrachtet. Der Unterricht wird jedoch selbst mit Hilfe von Pausen in Sinneseinheiten gegliedert, bereitet einen neuen Denkschritt vor etc.

Wie kann ich Sie dazu bringen, das Spiel mit den Pausen zu versuchen? Sie müssen Pausen bewusst steuern können, um Ihre eigne Dramaturgie im Unterricht umzusetzen. Meiner Erfahrung nach denkt fast jeder, er weiß, wie er mit Pausen umgeht und „dass er das schon irgendwie im Gefühl hat". Selbstbild und Fremdbild klaffen hier aber deutlich auseinander. Mir hilft immer wieder das Feedback von außen, beispielsweise von Referendaren.

Zum Schluss noch einmal zur „Kunst des Weglassens": Ist alles vorgegeben, ist es langweilig. Faszination liegt immer auch mit in der Ergründung einer Sache. Stellen Sie sich vor, sie *müssten* dieses Kapitel auswendig lernen! Da regt sich Widerstand, und vermutlich zu Recht. Schön sind die Dinge, die wir selbst erforschen können, wenn wir uns etwas aussuchen können, innerhalb fester Strukturen. Mitbestimmung ist das Stichwort.

Jetzt wird das Eis etwas dünn, ich gehe trotzdem noch einen Schritt weiter: Wenn man die Vorstellung aufgibt, selbst verantwortlich für das Lernen des Schülers zu sein (ich spreche hier nicht von Gleichgültigkeit), wenn Unterricht nicht bedeutet, dass man den Stoff dem Schüler vorsagt und vorträgt und das mit Tagebucheinträgen zu belegen versucht, steht ein Weg offen, den Schüler, sein eigenes Lernen in den Mittelpunkt zu rücken. Genauer: Es geht nicht darum, *was* dem Schüler vorgetragen wird, sondern *was* er gelernt hat. Ich gebe ein Beispiel: Lassen Sie teilweise Tafelanschriebe weg und fordern Sie die Schüler stattdessen auf, sich selbst etwas aufzuschreiben, werden Sie im ersten Moment Empörung erreichen. Letzten Endes lernen und wissen die Schüler dadurch mehr, aber zuerst haben sie Angst, sie könnten etwas verpassen. Auch ihre Eltern bekommen Angst. Daher tut man sich als Lehrer leichter, die Schüler von der Tafel stumpf abschreiben zu lassen, als einen eigenen Heftaufschrieb zu fordern.

Neben dem unvollständigen Tafelanschrieb noch ein paar weitere Möglichkeiten:

– Offene Aufgaben stellen, die keine eindeutige Lösungsstruktur beinhalten.

– Menge und Art der Hausaufgaben den Schüler selbst auswählen lassen. Zum Lösungsvergleich kann man das Lösungsheft kopieren oder auslegen.

- Aufgaben mit zu vielen Informationen für die Lösung stellen oder, was noch gewagter ist:

- Aufgaben mit zu wenigen Informationen für die Lösung stellen.

All diese Methoden, den Schüler zu fördern, sollte man behutsam angehen. Man überlege sich, was den Alltag eines Schülers ausmacht und wie weit man mit der hier vorgestellten Denkweise erst einmal Hindernisse überwinden muss. Noch ein Schlusswort zur „Kunst des Weglassens":

*Der beste Unterricht ist der, der den Lehrer selbst überflüssig macht.*

## 1.9  Die Unterrichtsstunde als Inszenierung

Ich erinnere mich noch an meine ersten „Unterrichtsbesuche". Wir *mussten* unsere Prüfer *einladen*. Sehr wichtig war der Medienwechsel. Mit der Planung fast fertig, bemerkte ich: Verflixt – ich habe zu wenig Medienwechsel in die Stunde eingebaut! Was machte ich? Ich baute ein: Tafelanschrieb, Overhead, Unterrichtsgespräch, Gruppenarbeit, Einzelarbeit … es ist erstaunlich, wie viel man in *eine Stunde* „einbauen" kann. Und siehe da: Es hat gefallen.

Ich habe diese *Besuche* damals sehr kritisch betrachtet und dem Konzept entsprechend „Sie wünschen – wir spielen" zubereitet. Und: es hat funktioniert. Ich begriff die Lehrprobe als eine Theaterinszenierung – und war empört darüber! Die bekannten Gütekriterien – Validität, Objektivität und Reliabilität [2] – hatten an Gültigkeit verloren.

Eine Inszenierung sollte immer auch auf das Publikum zugeschnitten sein. Es ist also zu unterscheiden, ob man für die Schüler etwas in Szene setzt oder für das Beurteilungsraster eines Fachleiters. [3] Indirekt hatten mich meine „Schulväter" gelehrt, worauf es ankommt.

Wie geht Unterricht? – Schauen wir uns, leicht ironisierend, den Spannungsbogen einer üblichen Unterrichtsstunde an:

Der Lehrer kommt herein, und während er noch seine Sachen auf den Tisch legt, „beginnt" der Unterricht. Keine Umschweife, sofort ist man beim Thema. Entsprechend entwickelt sich der Spannungsverlauf dieser Stunde.

---

[2] Validität: Wird getestet, was zu testen vorgegeben wird? Objektivität: Kommen viele Prüfer zum selben Ergebnis? Rehabilität: Ist das Ergebnis wiederholbar?
[3] *Nach einer Lehrprobe sagte ich zu meinem Fachleiter: „Seltsam – bei den Klassen, bei denen ich am besten unterrichtet hatte – soweit mein Eindruck –, erhalte ich die schlechtesten Noten!" Die Antwort: „Das wird hier nicht bewertet!" – Das ist interessant!*

Spannungsverlauf in einer üblichen Unterrichtsstunde

Wird kein neues Thema begonnen, entfällt der erste Hügel.

Die Folgen dieser Art von Inszenierung sind bekannt und leicht nachvoll-ziehbar: Kein Mensch würde sich eine solche Show ansehen – der Schüler muss es. Und wenn er das nicht einsieht, hört er eine Moralpredikt: „Ihr seid in einer der besten Schulen und habt Bildungsmöglichkeiten, von denen die meisten Kinder in dieser Welt nur träumen können." Da der Schüler nicht wie ein Erwachsener denkt (das heißt nicht, dass der Erwachsene „besser" denkt), verpufft der Appell in seiner Wirkung, und die Disziplin wird mit Strafen aufrechterhalten. Und: Der Lehrer ist überzeugt, dass es anders nicht geht. Eine Videoaufzeichnung bewirkte bei mir ein Aha-Erlebnis: Das müssen also Schüler Tag für Tag über sich ergehen lassen und sollen dann auch noch dankbar sein!

Die Frage ist: Wie kann man einen Stoff, der an sich interessant ist, auch interessant gestalten? Wie kann man den Zuschauer dazu bringen, sich für die Sache zu interessieren, statt ihn zu motivieren?

Um eine Orientierung zu bekommen, sei hier der traditionelle Handlungs-aufbau des Dramas vorgestellt[4]:

Handlungsaufbau – traditionelles Schema

| Exposition | Personenvorstellung, Vorgeschichte |
|---|---|
| Erregendes Moment | Initialzündung – bringt die Handlung in Gang |
| Entwicklung | Stufenweise Steigerung der Spannung und Ver-tiefung |
| Höhepunkt/Wendepunkt | Die Gegner stehen sich gegenüber bzw. die Umkehrung: Der Held ist betrogen |
| Retardierendes Moment | Aufschub/Verzögerung: Neue Umstände, neue Verwicklungen |
| Katastrophe | Das Verhängnis, keine Lösung in Sicht |
| Peripetie | Umschwung, die erhoffte Lösung scheint ver-nichtet |
| Geniestreich | Unerwartete Rettung |
| Schlusslösung | Alles wieder im Lot |

---

[4] „Dramaturgie und szenisches Denken". Dokumentation: Schultheater 88, Referat: Rudi Müller-Toland „Dramaturgie und szenisches Denken"

Um die Nähe zur Schulpraxis zu zeigen, hier der Handlungsaufbau einer
Unterrichtsstunde:

| Exposition | Einstieg – um was geht's? |
|---|---|
| Erregendes Moment | „Was meint ihr, was würdet ihr an dieser Stelle machen?" Lernstoff zu ihrer eigenen Sache machen |
| Entwicklung | Vermutungen und Hypothesen aufstellen (lassen) |
| Höhepunkt/Wendepunkt | Der Merksatz ist gefunden |
| Retardierendes Moment | Stimmt er wirklich? – Gegenbeispiel |
| Katastrophe | Er stimmt nicht, er ist unvollständig |
| Peripetie | Alles umsonst? Die ganze Idee war verkehrt? |
| Geniestreich | Durch einen Zusatz wird der Merksatz gerettet |
| Schlusslösung | Alles wieder im Lot |

Es geht also, man *kann* so unterrichten. Allerdings sind so viele Schritte
kompliziert. Einfachheit besticht. Darum also die auf vier Schritte redu-
zierte Version:

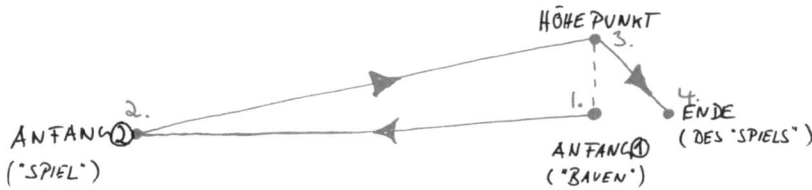

Kurze Dramaturgie für das Selberbauen von Stücken nach Herbert Giffei[5]

Im Folgenden besprechen wir die Schrittabfolge bezogen auf die schulische
Umsetzung. Den theatralen Aspekten sind didaktische und lernpsychologi-
sche Bemerkungen hinzugefügt:

**1. Anfang**

Interessant ist, dass das Stück im Zentrum beginnt. Der Schüler pirscht sich
nicht langsam an das Thema heran, sondern er beginnt dort. Konkret: Der
Lehrer sagt, um was es geht, aber verrät nicht alles. Vielleicht versteht man
das besser andersherum: Wenn man zu Beginn *alles* seinen Schülern sagt,
nimmt man die Spannung. Oft riechen die Schüler nach drei Minuten den
Braten und haben dann die nächsten 42 Minuten die Nase voll.

---

[5]  Vergleiche auch „Theatermachen", ein Handbuch für die Amateur- und Schulbühne, hrsg.
von Herbert Giffei, Ravensburg 1982

Diese Herangehensweise erinnert stark an die Pädagogik von Martin Wagenschein, hier steigt man „mitten drin", auf einer mittleren Stufe der Erkenntnisplattform ein. Ein Beispiel: Bei der Erforschung des Lichts steigt der Lehrer mit der Lochbildkamera zentral ein und nicht bei der Untersuchung von Lichtquellen oder der Ausbreitung des Lichts.

## 2. Anfang

Die Lernpsychologie empfiehlt folgende Unterrichtsstruktur: Von „part to whole"! Dem Rat folgend sollte man durch Beispiele zur Allgemeinheit, zum Ganzen vordringen. Die gängige Schulpraxis zeigt häufig das Gegenteil: Es wird vom allgemeinen Standpunkt aus zu den Beispielen gegangen.

Dieser Fehler wird aus der folgenden Überlegung heraus verständlich: Der Lehrer selbst hat vielleicht sehr lange gebraucht, um sich durch viele Einzelfälle und Beispiele hindurch zur Betrachtung des Ganzen emporzuschwingen. Als liebevoller Mensch möchte er seine Umwege dem Schüler ersparen. *„Würde dieser nämlich nur das Prinzip verstehen, so wäre er doch viel schneller und leichter am Ziel."* Also wird er so schnell wie möglich das Prinzip zu erklären versuchen, und oft wird der Schüler damit „erschlagen".

Um also von Punkt zwei zu Punkt drei zu gelangen, sind auch Irrwege erwünscht. Je mehr Wege hier versucht und gegangen werden, desto mehr wird der Höhepunkt – das Allgemeine – gewürdigt. Für diese Phase bietet sich Schülerarbeit und hier insbesondere auch Gruppenarbeit an.

Für die Unterrichtssituation ersetze man in der vorgehenden Abbildung (s. S. 24) den Weg von Punkt zwei nach Punkt drei entsprechend:

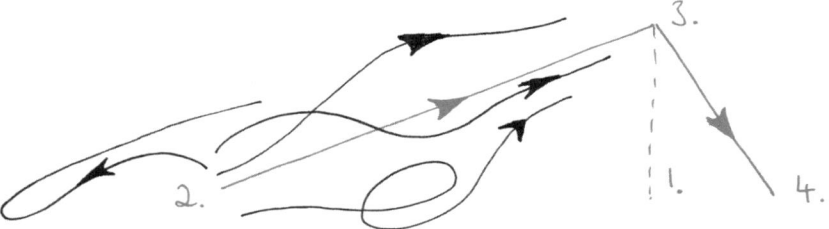

Der kürzeste Weg zum Verständnis ist meistens nicht der direkte

## 3. Höhepunkt

Der Höhepunkt ist die zentrale Aussage der Stunde. Sie sollte daher „gefeiert" und „zelebriert" werden. Schüler können nicht 45 Minuten am Stück aufpassen, aber hier sollten alle „wach" sein.

Jetzt ist das System erkannt, nun kann das neue Wissen probiert werden. Es passiert inhaltlich nichts Neues, nur für den Schüler: Er *kann* es auch allein. Hier können schon Hausaufgaben gegeben werden, der Schüler kann sich daran versuchen und gegebenenfalls noch nachfragen.

## 4. Ende

Betrachten wir zuerst das entsprechende Schlussbild im Theater: Letzte
Aussage, ein letztes Innehalten – der Vorhang fällt, das Publikum klatscht.
Ende.

Selbst wer das Stück nicht verstanden hat, bekommt das mit. Suchen wir
wieder den Transfer zum Unterricht:

Die Pausenglocke beendet den Unterricht. Stimmt das? Nein, der Lehrer
tut es. Manche meinen damit, der Schüler habe so lange still zu sitzen, bis
der Lehrer aufgrund seiner Macht die Meute gehen lässt. Natürlich *kann* das
ein Lehrer aufgrund seiner Macht, aber er kann dann keine Aufmerksamkeit, sondern nur noch teilnahmsloses Absitzen erwarten. Nach dem Signal
„der Unterricht ist aus" ist Schluss.

Es ist Aufgabe der Inszenierung, ein klares Ende zu finden, bei der der
Zuschauer weiß, *wann* er klatschen soll. Abschließend noch ein Vorschlag
für ein Schlussritual:

- Der Lehrer fasst den Inhalt der ganzen Stunde in zwei Sätzen zusammen *(Dauer: eine Minute)*. Oder besser:

- Der Lehrer fragt, wer den Inhalt der Schulstunde in zwei Sätzen
  zusammenfassen kann *(Dauer: drei Minuten)*. Oder noch besser:

- Der Lehrer lässt verschiedene Versuche zu, den Inhalt der Stunde so
  kurz und prägnant wie möglich zusammenzufassen. Er wählt die beste
  Zusammenfassung aus und lässt diese durch Klatschen des Publikums
  würdigen *(Dauer: drei bis fünf Minuten)*.

Zum Schluss dieses Kapitels sei vor „Ismen" gewarnt. Es gibt immer wieder
Menschen, die glauben, eine Wahrheit entdeckt zu haben, und wollen diese
am liebsten allen anderen verordnen. Jedes System, das starr in der Anwendung ist, das sich nicht verändern kann, wirkt auf die Dauer zerstörerisch.
Ich wollte hier also keinen „Theaterismus" oder einen „Inszenierismus"
bewirken. Ich habe hier vom klassischen Theater abgeschrieben, das sehr
feste Regeln hat. Es mag Sinn machen, dass beispielsweise der Höhepunkt
eines Stückes auf den Vers genau in der Mitte steht. Aber auch etwas völlig
anderes macht Sinn. Theater ist kein starres Raster, es hat sich weiterentwickelt. Das „Spiel" bringt Lebendigkeit! Wenn Sie einen Grund finden, die
Reihenfolge umzudrehen und mit dem Schluss zu beginnen – nur zu!
„Unterrichtsstunde verkehrt" würden die Schüler sicher gut finden und
dabei womöglich mehr aufnehmen als in der Starrheit von Motivation, Einführung, Merksatz und Übung. Allerdings kann nur etwas abgeändert oder
verändert werden, wenn es bereits da ist. Strukturen können verändert werden, keine Strukturen bedeuten Chaos.

# Kapitel 2 Körper und Raum

## 2.1 Die „Hardware" der Sitzordnung – Das Bühnenbild

Wenn man das Klassenzimmer als Ort des Geschehens betrachtet, ausgestattet mit Bühne und Zuschauerraum, so wundert es, wie wenig Bedeutung ihm im Allgemeinen zugemessen wird. Es ist, als ob es *egal* wäre, als ob es nur auf den *vorgetragenen Inhalt* in der Stunde ankommt. Dabei wirkt der Raum immer unterschwellig mit. Während allerdings beim Fußball das Wetter bemerkt und ein Auswärtsspiel von einem Heimspiel unterschieden wird – sogar als völlig andere Situation und Spielbedingung angesehen wird, auch wenn der Rasen in jedem Fall grün ist –, denkt man in der Schule nicht über die „Bodenbeschaffenheit" nach. Ein Beispiel: In vielen Klassenzimmern, wie auch in Physik- und Chemiesälen, findet man häufig diese Ausrichtung der Tische:

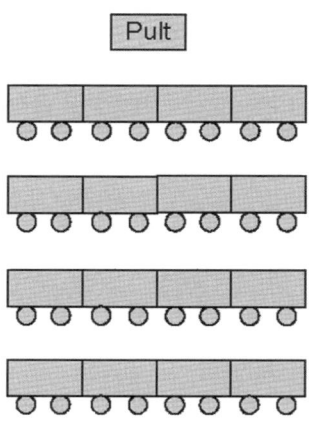

Die Kommunikationslinie liegt hier zwischen Lehrer und Schülern. Als wertvoll wird hier der Unterricht im Frage-Antworten-Ping-Pong-Stil gesehen. Diskussionen unter den Schülern wird kaum Raum gegeben: Außer mit dem unmittelbaren Nachbarn kann schwerlich ein Gespräch stattfinden.

Ebenso wird Einzelarbeit gegenüber Gruppenarbeit der Vorzug gegeben.

Der Lehrer steht hier im Zentrum, und zwar mit allen Schülern „face to face". Dafür sehen die Schüler einen Vormittag lang die Hinterköpfe ihrer Mitschüler eine Reihe vor ihnen. Wichtig ist also das, was vorn passiert. Ich möchte noch einen weiteren Aspekt aufzeigen: Inwieweit diese „face to face"-Ordnung unterschwellig beim Schüler die Tendenz, den Unterricht zu stören, verstärkt, mag man eher sehen, wenn man die in der Abbildung nicht berücksichtigte dritte Dimension bedenkt: Der Lehrer *steht* und der Schüler *sitzt* – theatralisch bedeutet das: Der Lehrer befindet sich die ganze Zeit über im Hochstatus, der Schüler im Tiefstatus.

*„Sie haben die Fronten gewechselt!"* hörte ich zu Beginn meiner Lehrerausbildung, von manchen auch milder formuliert: *„Sie stehen jetzt auf der anderen Seite!"* Ob nun zwischen Schülern und Lehrer eine Front oder eine Grenze besteht: Diese Haltung spiegelt sich einerseits in dieser Sitzordnung wider, andererseits wird sie durch eine solche „Ordnung" mit erzeugt.

Jede räumliche Ordnung bewirkt und bewertet offensichtlich eine weitere, innere Ordnung. Mit dieser unsichtbaren „Ordnung" werden bestimmte Prozesse begünstigt, andere blockiert.

Ziel dieses Abschnitts ist es, die Wirkungen bewusst und transparent zu machen. Zusammenfassend können wir sagen: Die Sitzordnung ist maßgeblich an Störungen beteiligt, sei es auf persönlicher Ebene zwischen den Schülern oder auf kommunikativer Ebene: Man sitzt beispielsweise „falsch", um miteinander sprechen zu können. Weiter hängt die Konzentration und die Beteiligung aller Schüler mit von der Raumgestaltung ab.

## Die Sitzordnung als Bühnenbild

Es gibt keine „richtige" Sitzordnung. Jede Anordnung eröffnet andere Möglichkeiten. In diesem Sinne ist es auch eine Charakterentscheidung, welche Form von Schülern bzw. Lehrern gewählt wird. In jedem Fall *wirkt* die Stellung der Tische im Raum. Leider wird diese Wirkung oft unterschätzt bzw. gar nicht bewusst wahrgenommen.

Die Stellung der Tische nimmt gravierenden Einfluss auf die Raumgestaltung – es gibt Berufe, die sich nur um diese kümmern. So gibt es beispielsweise *Raum* für Störungen, *Raum* zur Gruppenarbeit, einen *Raum* für den Lehrervortrag usw.

Am besten schneidet man sich 16 Rechtecke als Tische aus, zeichnet einen Grundriss des Klassenzimmers und puzzelt so lange, bis man eine viel versprechende Sitzordnung gefunden hat. Als Anregung zum Puzzeln sollen hier einige Möglichkeiten diskutiert werden, um verschiedene Möglichkeiten sichtbar zu machen. Da die Klassengröße derzeit (leider!) sehr groß ist, wird in den Beispielen von einer Klassenstärke von 32 Schülern ausgegangen. Die Stellung von Einzeltischen bringt noch mehr Möglichkeiten als wenn nur Doppeltische zur Verfügung stehen. Da diese allerdings nicht in jeder Schule verfügbar sind, wurde in dieser Darstellung darauf verzichtet.

Tischerücken ist eine gute Vorübung, um die Aufmerksamkeit des Einzelnen auf seine Mitschüler zu richten. Interessanterweise klappt die Übung am schnellsten, wenn man Redeverbot erteilt. Die Umsetzung und der Nutzen der Methode ist ausführlich in 5.5 (*Tische rücken*) beschrieben.

Noch ein pragmatischer Tipp: Wenn Sie eine Sitzordnung ausprobieren möchten, so stellen Sie die Tische und Bänke einen Tag vor Schulbeginn auf. In der Regel werden sich die Schüler setzen und es ohne Kommentar übernehmen. Die Wahrscheinlichkeit, dass diese *erste* Sitzordnung bestehen bleibt, ist sehr hoch. Haben Sie wegen dieses Tricks kein schlechtes Gewissen: Verändern Sie die Sitzordnung irgendwann im Jahr, werden Sie den Grund für diese Änderung erklären müssen, und vielleicht *dürfen* Sie es dann gar nicht mehr. Jede Anordnung wirkt, also auch die alte. Wenn Sie etwas verändern, machen Sie das bewusst. Auf diese Weise beachtet zumindest *einer* die Auswirkung.

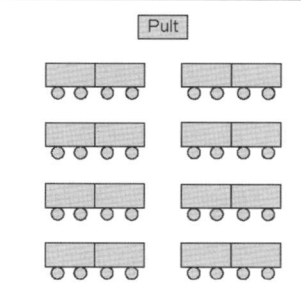

**Der Block**

begünstigt den klassischen Stil des Lehrervortrages. Der Block *wirkt* als Block: „Vorn *ist* vorn und hinten *ist* hinten!" Etwas Auflockerung verschafft der Mittelgang.

Der (zurzeit in Verruf geratene) lehrerzentrierte Unterricht kann auch gut und richtig sein.

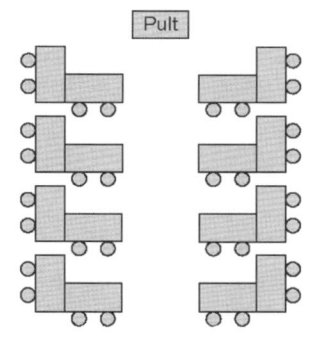

**Gruppenzentriert**

Durch Drehung der inneren Tische um 90° kann sehr schnell zur Gruppenarbeit gewechselt werden (jeweils zwei Tische stehen dann wie in der *dezentralen Sitzordnung*).
Der Gang ist zu breit, um nur als Durchgang zu wirken. Beispielsweise kann das Pult zur Ablage von Material hineingeschoben werden.

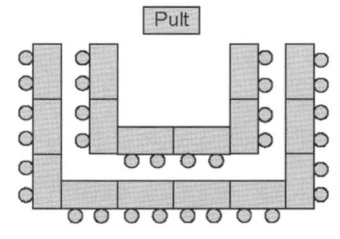

**Diskussionsrunde**

Der Raum zwischen Pult und erstem Sitzkreis *ist* die Bühne. Der Lehrer hat die Möglichkeit, *mitten unter seinen Schülern* zu sein. Das Gruppengefühl wird verstärkt, Diskussionen werden durch direkten Sichtkontakt verstärkt. Ein Nachteil ist, dass der Lehrer nicht sofort zu allen Schülern hinkommt.

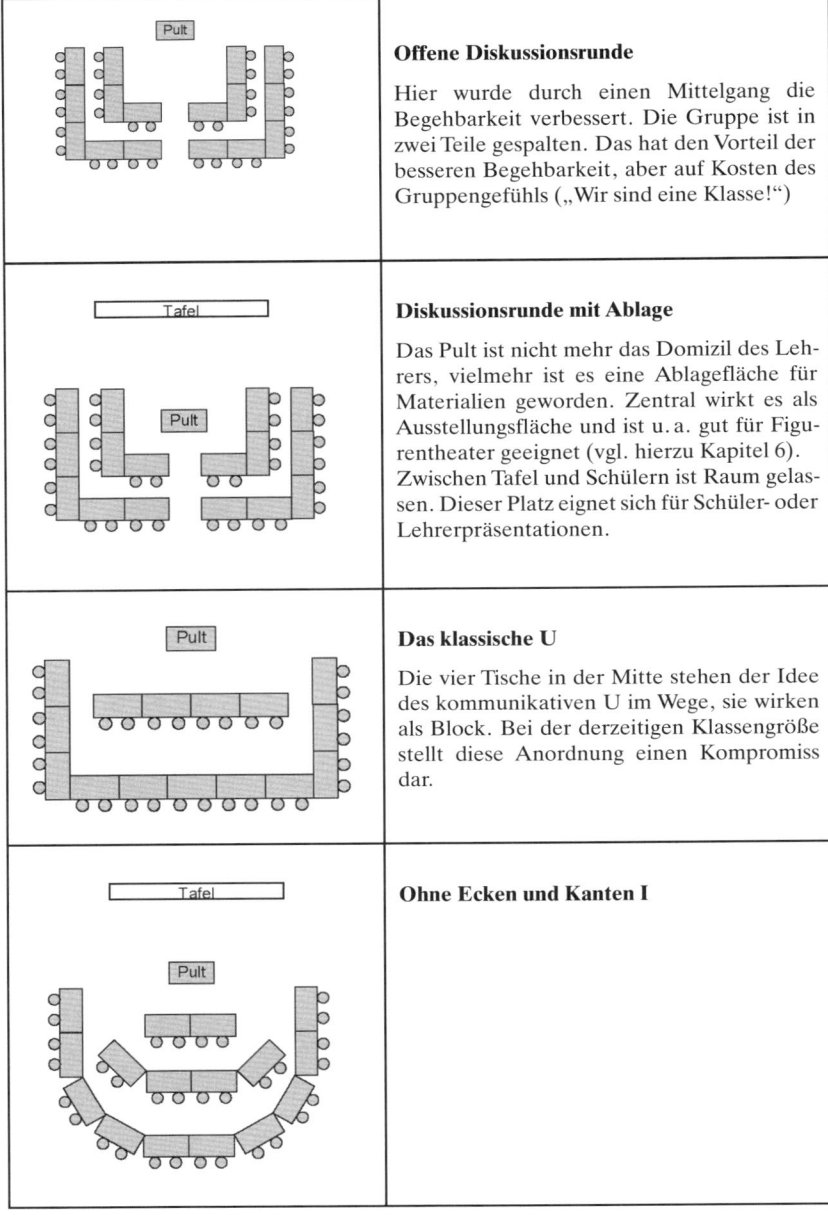

**Offene Diskussionsrunde**

Hier wurde durch einen Mittelgang die Begehbarkeit verbessert. Die Gruppe ist in zwei Teile gespalten. Das hat den Vorteil der besseren Begehbarkeit, aber auf Kosten des Gruppengefühls („Wir sind eine Klasse!")

**Diskussionsrunde mit Ablage**

Das Pult ist nicht mehr das Domizil des Lehrers, vielmehr ist es eine Ablagefläche für Materialien geworden. Zentral wirkt es als Ausstellungsfläche und ist u. a. gut für Figurentheater geeignet (vgl. hierzu Kapitel 6). Zwischen Tafel und Schülern ist Raum gelassen. Dieser Platz eignet sich für Schüler- oder Lehrerpräsentationen.

**Das klassische U**

Die vier Tische in der Mitte stehen der Idee des kommunikativen U im Wege, sie wirken als Block. Bei der derzeitigen Klassengröße stellt diese Anordnung einen Kompromiss dar.

**Ohne Ecken und Kanten I**

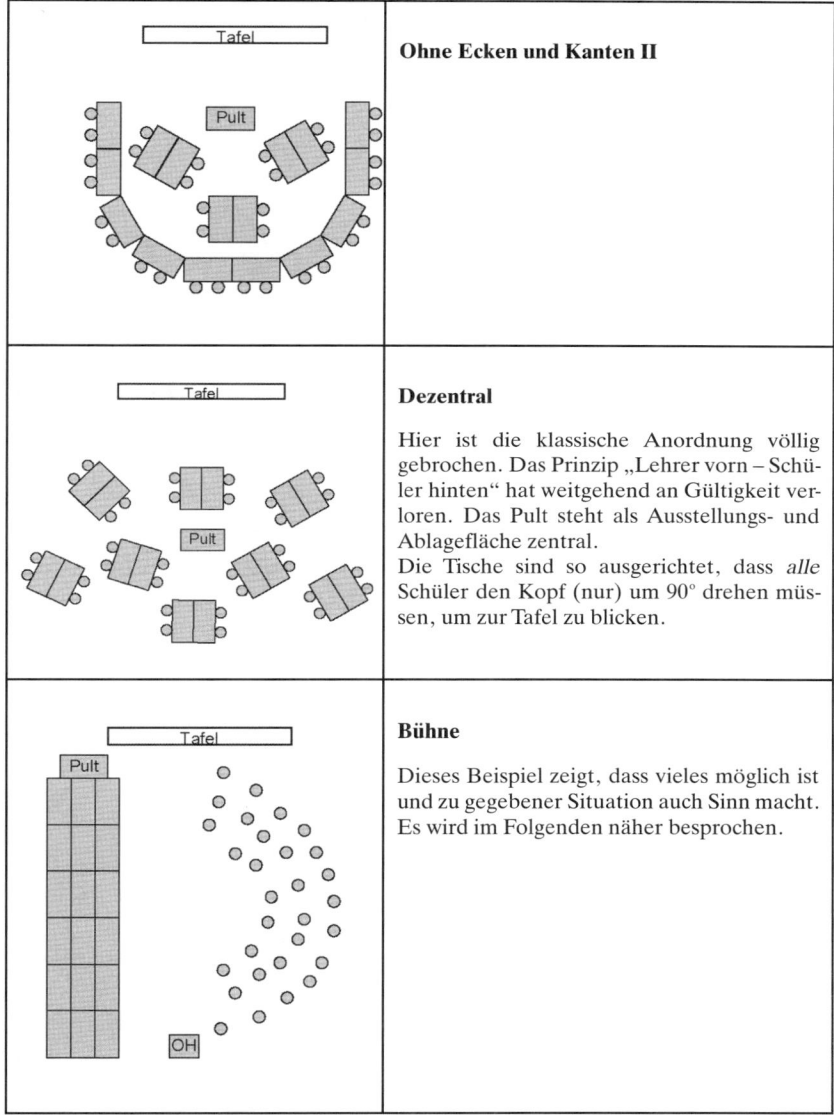

**Ohne Ecken und Kanten II**

**Dezentral**

Hier ist die klassische Anordnung völlig gebrochen. Das Prinzip „Lehrer vorn – Schüler hinten" hat weitgehend an Gültigkeit verloren. Das Pult steht als Ausstellungs- und Ablagefläche zentral.
Die Tische sind so ausgerichtet, dass *alle* Schüler den Kopf (nur) um 90° drehen müssen, um zur Tafel zu blicken.

**Bühne**

Dieses Beispiel zeigt, dass vieles möglich ist und zu gegebener Situation auch Sinn macht. Es wird im Folgenden näher besprochen.

## Die Bühne: Beispiel für eine ungewöhnliche Sitzordnung

In einer fünften Klasse wurde innerhalb einer Methodenstunde an Präsenta-
tionstechniken gearbeitet. Um die Situation beim Vortrag (z. B. Lampenfie-
ber) darzustellen, wurde der Overheadprojektor als Scheinwerfer eingesetzt.

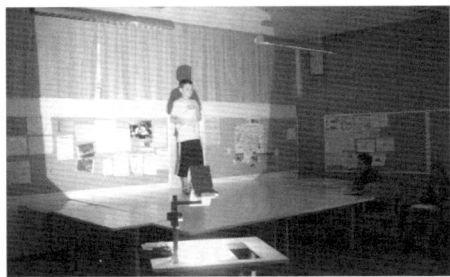

Tische als Bühne                                    Tische als Bühne – Zuschauer

Präsentation ist immer eine „Zurschaustellung". Für den Schüler kann es
schlimme Folgen haben, wird er auf die Bühne gezwungen. Der Vortragende benötigt ein Feedback, damit er weiß, wie seine Präsentation angekommen ist. Auch das ist eine heikle Situation: Der einzelne Schüler hat keinen Schutzraum mehr, alles blickt ihn an – ob er nun auf seinen Platz geht
oder nicht. Hier setzte sich der Vortragende auf die Bühne, um sein Feedback entgegenzunehmen.

Tische als Bühne – Feedback

Beginnen Sie ausschließlich mit positivem Feedback.

Danach sollte der Vortraghaltende gefragt werden, ob er noch *Wünsche aus
dem Publikum* erfahren möchte oder was er *weiterentwickeln* könnte. Es ist

ein riesiger Unterschied, ob man sich aussuchen kann, ob man ein Feedback hören möchte oder nicht. *Muss* man sich ein Feedback anhören, so ist man nicht mehr Herr der Situation! Man mache sich klar, wie extrem die Situation ist: 30 Augenpaare starren den Vortraghaltenden an. Und: Der Schüler *muss* die Erfahrung machen: „ich *kann* das", sonst wird er nächstes Mal eine solche Situation zu vermeiden suchen. Die Aufgabe des Lehrers ist also ganz klar: den Schüler in Schutz zu nehmen.

Für die Praxis noch drei Vorschläge für den Leser, der ein solches Feedback im Unterricht ausprobieren möchte:

- Mitschüler sprechen oft in einer „Er-Form" und schauen dabei zum Lehrer. Der Vortragende wird dadurch „verdinglicht". Besser ist die direkte Ansprache des Schülers: *„Felix, du hast ..."*

- Feedback so konkret wie möglich. Allgemeine Bemerkungen wie zum Beispiel: „Du solltest allgemein etwas sicherer auftreten" verunsichern höchstens. Besser ist: „Am Anfang bist du immer hin und her gelaufen, das hat mich gestört!" Auf Äußerungen wie „es war gut" oder „es war schlecht" kann fast immer verzichtet werden: gut oder schlecht kann viel heißen. Hier sollte der Lehrer konkretisieren.

- Zu viel Feedback ist zu viel. Es reicht manchmal schon ein Punkt, den der Schüler beim nächsten Mal verstärken kann. Versuchen Sie einmal, ein Verhalten bei sich selbst zu verändern. Beispielsweise können Sie sich die Zähne mit der ungewohnten Hand putzen. *Sie meinen, der Vergleich trägt nicht? Und: Das hat gar nichts damit zu tun? Schließlich haben Sie schon immer so die Zähne geputzt, und es ging ja! Besteht denn für das andershändige Zähneputzen überhaupt eine Notwendigkeit? Und schließlich sind Sie als Rechtshänder geboren und können nicht anders! Und man könnte ja schon, aber man denkt halt nicht immer dran! Und ist das wirklich so wichtig?* – Diese Fragen und Argumente klingen zumindest denen der Schüler sehr ähnlich! Andershändiges Zähneputzen erscheint uns vielleicht genauso drastisch wie dem Schüler eine kleine Verhaltensänderung.

„Die Bühne" ist weniger eine Sitzordnung, sondern eine Raumgestaltung. Sicherlich ist die Stellung der Tische für den normalen Unterricht völlig ungeeignet, trotzdem gibt es viele Situationen im „normalen" Unterricht, die sehr ähnlich sind, jedoch hier bewusst gemacht werden können. So ist die „Bühne" im Schulalltag der Platz zwischen Tafel und Pult. Zwar wird der Schüler nicht vom Scheinwerfer angestrahlt, ihn begutachten jedoch trotzdem 30 Augenpaare, und ein Feedback erhält er auch – leider meist nonverbal durch Gesten wie Nicken oder Kopfschütteln, aber auch Räuspern und Lachen kommen vor. Dass diese Situationen verunsichern und ängstigen können, liegt auf der Hand.

**Die Bühne: Ein Unterricht ohne Tische und Bänke**

Die Tische und Bänke werden nicht zur Seite geschoben, sondern aus dem Unterrichtsraum hinausgetragen. Jeder Schüler hat eine Decke und Schreibzeug dabei. Für beides gibt es einen festen Ort zum Ablegen. Der Raum ist also komplett leer. Ist ein solcher Unterricht unvorstellbar? Oder ist es vielmehr *normaler*, sich auf diese Art und Weise zu bewegen? Ich hielt es für nahezu unmöglich, bevor ich es getestet hatte.

Es gibt natürlich Dinge, die hervorragend in Hörsälen in einem universitären Stil vorgetragen werden können. Ich denke, dass es solche Räume geben sollte, genau wie es heute Computerräume gibt und früher an den meisten Schulen auch Sprachlabore.

## 2.2 Die Psychologie der Sitzordnung

**Die Sitzordnung als komplexes System**

Das Klassenzimmer – ein vernetztes System einzelner Persönlichkeiten

Wer sitzt wo und stört wen an welcher Stelle? Wenn Sie sehr aufmerksam und wach sind, eine gute Bühnenpräsenz besitzen, so haben Sie vielleicht Antworten darauf. Das „wer" ist am einfachsten zu beantworten. Die Antwort, „was" und „wie" sinnvoll zu ändern ist, ist ungleich schwerer!

Ein Beispiel soll die Komplexität der Anforderung einer richtigen Reaktion des Lehrers aufzeigen.

Sven stört durch Reden. Klarer Fall für den Lehrer: Das störende Element muss beseitigt werden, also wird Sven umgesetzt. Er soll mit Franka tauschen. Der Unruheherd in der Ecke links vorn ist erfolgreich beseitigt worden. Für einen Augenblick wirkt die Sanktion. Vorerst!

Aber … das Leben geht weiter: Denn Sven saß neben Berta. Berta liebt Sven, und sie schreibt ihm. Die Nachricht wird mittels acht Mitschülern weitergeleitet. Es sieht gut aus. Aber jetzt hat Michael die Nachricht, auch er liebt Berta und fängt die Nachricht ab. Der Unruheherd in der Ecke links vorn beginnt wieder: Berta beklagt sich bei Franka, die rät ihr, künftige Schreiben per Luftpost zu verschicken.

Sven ist jetzt zornig. Er hat ja nur ein bisschen geredet, aber Michael hat etwas viel Schlimmeres gemacht. Jetzt sitzt er auch noch zwischen Leonie und Lia, die ihm beide erzählen, dass es ihnen auch schon so ergangen ist …

Das Beispiel ist frei erfunden und kann beliebig weiter ausgeführt werden. Folgendes ist klar: Der Lehrer bewirkt mit dem Umsetzen nicht nur den gewünschten Effekt, dass Sven still ist. Das Umsetzen von Sven beeinflusst auf den zweiten Blick auch Berta, Leonie und Lia und schließlich alle Schüler, die an der „Postverbindung" beteiligt sind. Halten wir fest, dass das Umsetzen von Sven nicht isoliert betrachtet werden kann, sondern Folgen mit sich bringt.

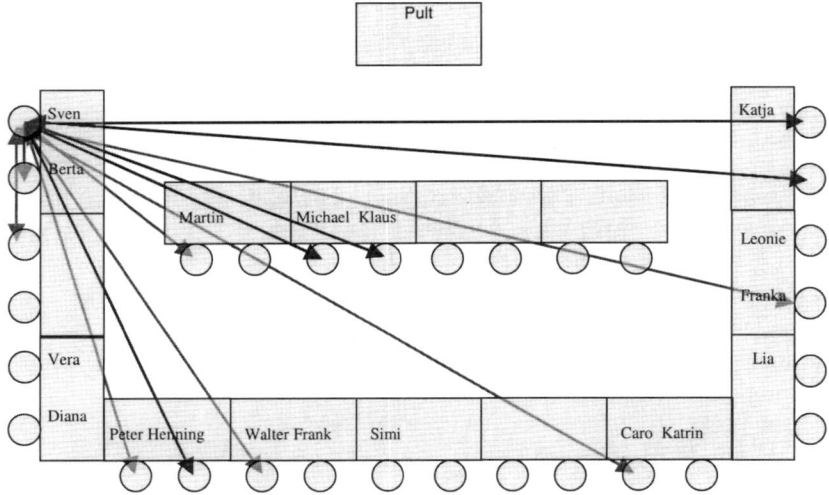

Einige Schüler stören Sven, mit anderen kann er gut arbeiten. Betrachten wir daher den Sitzplatz von Sven in seinem sozialen Kontext näher. Er sitzt vorn links neben Berta. Die Pfeile sollen das Beziehungsgeflecht zwischen Sven und einigen Mitschülern beschreiben. Helle Pfeile stehen hierbei für eine freundschaftliche Beziehung, dunkle Pfeile sind emotional negativ belegt und taugen nicht zum gemeinsamen Arbeiten. Da Sven nicht zu jeder

Person eine klare Beziehung hat, fehlen einige Pfeile. Schüler, die er kaum wahrnimmt, tauchen namentlich nicht auf.

Für jeden Schüler in der Klasse lässt sich ein solches Diagramm zeichnen. Trägt man in unserem Beispiel alles in einen Sitzplan ein, entsteht ein sehr dichtes Netz. Es ist unmittelbar einleuchtend, dass dieses komplexe Beziehungsgeflecht für einen außen stehenden Beobachter nicht in seiner Feinheit zu durchschauen ist. Setzt man einen Schüler um, so hat das Auswirkungen auf das gesamte Netz. Die Frage ist nun, wie man mit einer solchen komplexen Situation umgehen kann.[6] Der folgende Abschnitt gibt hierzu eine praktische Anleitung.

## Der Weg zur organischen Sitzordnung

Begreift man die Komplexität der Aufgabe, eine richtige Sitzordnung zu finden, stellt sich die Frage, wie man überhaupt zu einer Lösung kommen kann. Nun kennt niemand die störenden Faktoren und versteht das komplexe Beziehungsgeflecht besser als die Schüler selbst: *Wer kommt immer mit wem ins Schwatzen? Wer hat Schwierigkeiten mit wem? Wer hat in der ersten Reihe ein beklemmendes Gefühl? Wer redet, sobald er hinten sitzt?* Also liegt es nahe, dass die Schüler selbst diese komplexe Aufgabe lösen.

Zuerst soll die direkte Anwendung vorgestellt werden. Die Methode habe ich bereits in „Schüler motivieren und (re-)aktivieren" (Kramer 2006) skizziert. Die theatralen Wirkungsweisen und Mechanismen werden im Anschluss aufgezeigt.

Die folgende Technik entstand aus einer chaotischen Situation. Viermal zuvor wurde die Sitzordnung verändert, jeweils mit der Hoffnung auf eine bessere Lernatmosphäre. Zuerst setzte ich Schüler in der Klasse um, später wurden Sitzplätze ausgelost, um die Klasse völlig zu durchmischen. Am Ende schien es nur noch die Möglichkeit zu geben, dass der Lehrer die Sitzordnung per Bestimmung festlegt. Die hier beschriebene Methode entstand dadurch, dass ich selbst nicht mehr wusste, wer wo sitzen sollte.

    a) *Regeln:*
        Das Ziel ist, eine Sitzordnung zu finden, in der gutes Arbeiten möglich ist. Die Ordnung sollte nicht durch Freundschaften bestimmt werden, sondern durch die Zielsetzung!
        Sprechverbot: Nicht sprechen, sondern machen! Sobald diskutiert wird, passiert nichts mehr Neues. Also nicht „hirnen", sondern ausprobieren.

---

[6] Vergleiche auch „Die Logik des Mißlingens" von Dietrich Dörner, Rowohlt Taschenbuch Verlag GmbH, Reinbek bei Hamburg, 13. Auflage 1992

b) *Warming up – Lockerung – Vorbereitung:*
Zuerst wird – schweigend – alles „Zeug" vom Tisch und vom Boden nach hinten gebracht. Dann gehen alle Schüler durch den Raum, auf Anweisung des Lehrers einmal schnell, einmal langsam (Durchmischen der Schüler). Die Schüler sollen sich jetzt irgendwo hinsetzen, wo sie noch nie saßen. Der Lehrer teilt mit, dass dies noch nichts mit der neuen Sitzordnung zu tun hat.

c) *Sensibilisierung für Raumwahrnehmung:*
Die Schüler werden aufgefordert, sich – wiederum schweigend – umzusehen. *„Wo sitze ich, wie sieht der Raum aus dieser Perspektive aus?" „Wie geht es mir hier, sitze ich hier gerne, könnte ich hier längere Zeit sitzen?" „Sitze ich lieber weiter hinten, weiter vorn oder seitlich?"* Nach einer halben Minute stehen die Schüler wieder auf und durchmischen sich erneut. Dies wird so lange wiederholt, bis auch dem letzten Schüler in der Klasse klar ist, dass dieser Platz, auf dem er gerade sitzt, nicht der endgültige ist.

d) *Sensibilisierung für den Unterricht:*
Die Schüler sollen jetzt wahrnehmen, wer in ihrer Nähe sitzt. *„Ist das gut für den Unterricht? Werde ich hier abgelenkt?". Weiter werden die Schüler aufgefordert, sich zu überlegen, wo Störungen entstehen können. „Geht das gut, wenn Lisa und Marion schräg gegenüber sitzen?", „Kann ich mir vorstellen, mit dem gut arbeiten zu können?"*

e) *Aktionsphase:*
Jetzt sucht sich jeder aus rein egoistischen Motiven einen Platz aus und setzt sich. Wieder wird – wie die ganze Zeit – schweigend wahrgenommen. Die Schüler sollen sich die Konstellationen einprägen, für sich bewerten, was gut, was weniger gut ist.
In der zweiten Runde werden die Schüler aufgefordert, nur an das Team zu denken. Keiner denkt an sich, sondern nur an das Ziel: gute Arbeitsatmosphäre. Wieder nehmen die Schüler die neue Sitzordnung wahr.

f) *Entscheidungsphase:*
Gesucht wird ein Kompromiss aus der egoistischen und der teamorientierten Sitzordnung. Wieder sollen die Schüler feststellen, was gut für den Unterricht und was schlecht ist. Allerdings dürfen sich die Schüler jetzt gegenseitig umsetzen. Sieht Uta ein Problem zwischen Mark und Gabi, nimmt sie Gabi an die Hand und tauscht den Sitzplatz von Gabi mit Maria. Vor allem hier ist es sehr wichtig, dass keiner spricht. Sobald die Schüler zu sprechen beginnen, geschieht nichts mehr.
Diese Phase dauert am längsten und ist am spannendsten. Wenn alle endgültig sitzen, wird der neue Sitzplan geschrieben.

Die Durchführung dauert etwa eine halbe Stunde. Nach meiner Erfahrung ist hier Zeit nicht am falschen Platz investiert.

Nun zu den theatralischen Inhalten innerhalb dieser Technik. Ihre Stärke liegt in dem Zusammenspiel dreier Elemente:

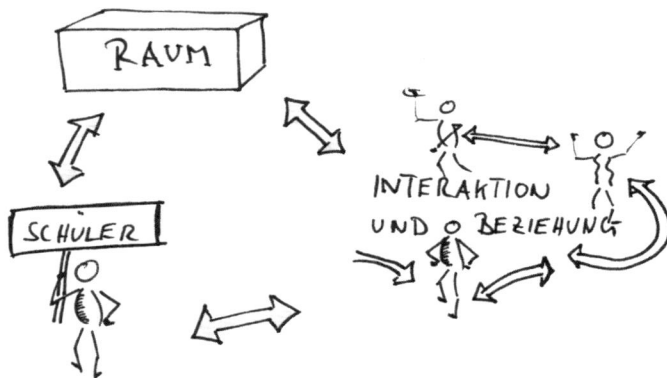

Interaktion und Beziehung

Die Wirkung des Raumes wird beispielsweise nicht isoliert betrachtet, sondern richtet sich immer an den einzelnen Schüler. Normal ist das nicht – normal ist, dass man von der Beleuchtung, von der Sicht zur Tafel im Allgemeinen spricht. Vielleicht wirkt diese Betrachtung der Raumwirkung für den Leser übertrieben. Vielleicht verstehen Sie mich besser, wenn Sie – natürlich wenn kein Schüler im Klassenzimmer ist – den Raum aus einer anderen, für Sie ungewohnten Perspektive betrachten: Stellen Sie sich auf das Pult und dann auf verschiedene Schülertische.

Wichtig ist auch, dass der Schüler *selbst* sich setzt. Er ist es, der entscheidet, er ist es, der agiert. Da er selbst Teil der Sitzordnung ist, ist das nur natürlich. Soweit unterscheidet sich diese Methode nicht von der, dass der Lehrer die Türe aufschließt und die Schüler irgendwo – wo sie eben wollen – Platz nehmen. Das Neue ist: Der einzelne Schüler darf und soll etwas ausprobieren und erleben, was er auf den ersten Blick gar nicht möchte. So will er vielleicht nicht vorn sitzen, sondern sich hinten verstecken, so will er eigentlich nicht neben Lisa sitzen, aber den *Versuch* kann man schon einmal machen. Der Schüler selbst entscheidet sich also für „Neuland" im Klassenzimmer, er setzt sich *selbst*. In der Entscheidungsphase *wird* der Schüler umgesetzt – die Gruppe agiert mit ihm, was zum nächsten Punkt führt:

Das Bewusstsein für die Gruppe, die natürliche Spannung zwischen dem eigenen Ego und dem Gruppeninteresse ist hier transparent und birgt eine beeindruckende gruppendynamische Dimension. Und der Schüler kann und darf das *erleben*. Die bewusste Wahrnehmung der Gruppe ist nicht

„normal"; „normal" ist, dass jeder an sich denkt. Aber plötzlich bemerkt jemand die schlechten Augen von Felix, also muss dieser offensichtlich nach vorn, und man selbst findet das so gut, dass man spontan nach hinten geht.

## 2.3 Räumliches Anordnen von Unterricht

Dieses Unterkapitel ist praxisbezogen. Alle vorgestellten Techniken nutzen den Raum zur räumlichen Trennung von Inhalten. Der Grundgedanke ist dieser: Es gibt fast nichts Neues mehr an Aufgaben. Alles wurde schon einmal gedruckt. Inhaltlich ist quasi alles vorhanden – an der Form kann viel verändert werden. Wie sieht die häufigste Form des Lernens aus? Der Schüler sitzt da. Und etwas später sitzt er immer noch da. Noch später sitzt er immer noch. Schleierhaft, wie diese Zuordnungsvorschrift zustande kam, und noch schleierhafter, wie und warum sie sich immer noch hält:

lernen → hinsetzen

Hier also der Versuch, Form und Inhalt zu trennen. Der Raum (die Form) wird inhaltlich belegt. Folgende Tabelle gibt eine Auflistung von unterschiedlichen Raumbedeutungen, die Methoden werden im Anschluss ausgeführt:

| Bedeutung des Ortes | Beispiel | Bemerkung zur Didaktik |
|---|---|---|
| Antwort (auf eine Frage) | Standpunkte einnehmen | „Zu etwas stehen" |
| Räumliches Trennen von Unterrichtsgegenständen | Lernzirkel | Das menschliche Gehirn kann Daten gut ortsabhängig speichern |
| Räumliches Abschreiten von Gedankengängen | Stationslauf, Lehrgang | Bewegendes Lernen, Loci-Technik |
| Schwierigkeitsgrad | „Gleich und gleich gesellt sich gern" | Differenziertes Lernen |
| Trennung von Einzel- und Gruppenarbeit. | ace | Verbindung von Einzel- und Gruppenarbeit |
| Wissen oder Nichtwissen | Auf den Tisch steigen | Lernzielkontrolle |
| Wissensmenge | Wissensbarometer | Feedback |
| Trennung von Aufgabe und Lösung | Räumliche Distanz zu Lösungen | Eigenverantwortliches Lernen |

Jetzt zur Praxis: Die ersten Beispiele können unmittelbar im Unterricht angewandt werden.

Bevor Sie sich in die Anwendung stürzen: Der Mensch ist träge, er braucht zumindest ein kleines Warming up: Wenn der Raum ausgenutzt werden soll, so *muss* jeder Schüler an allen möglichen Orten gewesen sein. Konkret heißt das: Wenn Sie beispielsweise ein Feedback vorgeben, in dem die Option „auf den Boden legen" und „auf den Tisch steigen" gegeben ist, so sollten *alle Schüler* einmal zuvor auf dem Boden gelegen und auf dem Tisch gestanden haben. Andernfalls traut sich vielleicht ein Schüler nicht, oder es ist ihm zu unbequem – und als Folge dessen erhalten Sie verfälschte Informationen. Weiter hilft es ungemein, wenn die Schüler um den didaktischen oder lernpsychologischen Hintergrund der Technik Bescheid wissen. Die Hemmschwelle, um beispielsweise auf einen Tisch zu steigen, wird deutlich herabgesetzt, wenn man auf einer Metaebene begreift, warum die Technik Sinn macht. Es besteht sonst die Gefahr, dass Übungen – aus Unwissenheit heraus – belächelt werden.

## Anwort (auf eine Frage)

Statt mit „ja" oder „nein" verbal zu antworten, kann der Schüler durch *Sitzenbleiben* („nein") bzw. durch *Aufstehen* („ja") eine Frage beantworten. Die *Körperhaltung* fungiert hier als *Körpersprache*. Möchte man sichergehen, dass die „Sitzenbleiber" nicht nur aus Trägheit „nein" sagen, muss man vermeiden, dass überhaupt jemand sitzen bleibt. Das führt zur nächsten Methode:

Nun werden Plätze im Raum mit „ja" und „nein" codiert. Der Schüler beantwortet die Frage mit seinem *Standpunkt* (vgl. nachfolgende Abbildung). Um klar Position zu beziehen, müssen die Fragen entsprechend klar formuliert sein. Diese „Abfragetechnik" ist wahrscheinlich die häufigste Anwendung. Interessant sind allerdings auch Fragen, die sich nicht eindeutig mit „ja" oder „nein" beantworten lassen. Eine solche kann ein gelungener Einstieg in eine Diskussion sein.

Einfache Raumcodierung für „ja"-„nein"-Aussagen

Man beachte den breiten Korridor zwischen „ja" und „nein", der keine Unklarheit zulässt. Auch wenn diese Methode mehr Zeit für eine Frage beansprucht, nutzt sie die Zeit sehr effektiv, da *jeder* Schüler eine Stellung einnimmt und nicht nur ein Auserwählter ein kurzes „Ja" oder „Nein" von sich geben darf.

Lässt sich der Raum links und rechts (bzw. vorn und hinten) getrennt beleuchten, so kann man die Richtigkeit der Antwort durch das Raumlicht anzeigen lassen. („*Ob ihr Recht habt oder nicht, zeigt euch gleich das Licht!*")

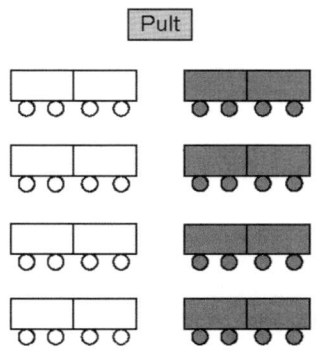

Lässt die Tischstellung eine klare Trennung zu, lassen sich Parteien beispielsweise für eine anschließende Diskussion bilden. Solche Fragen gibt es genügend: „Sollte die Todesstrafe eingeführt werden?" „Sollte Genforschung am Menschen erlaubt sein?"

Die Schüler nehmen durch einen Platztausch einen Standpunkt ein. Das ist mehr, als nur dafür oder dagegen zu stimmen. Diese Gruppenbildungen kann man nutzen: Gibt man noch mehr Platzmöglichkeiten vor, so bilden sich „Koalitionen" und „Untersuchungsausschüsse". Viele Räume haben vier Ecken, so bietet sich eine entsprechende „Eck-kodierung" an (vgl. folgende Abbildung).

Die vier Ecken eignen sich gut zur Belegung von Inhalten

Bisher haben alle Methoden eine Überlappung durch „Korridore" bewusst vermieden. Oft sind aber gerade diese interessant.

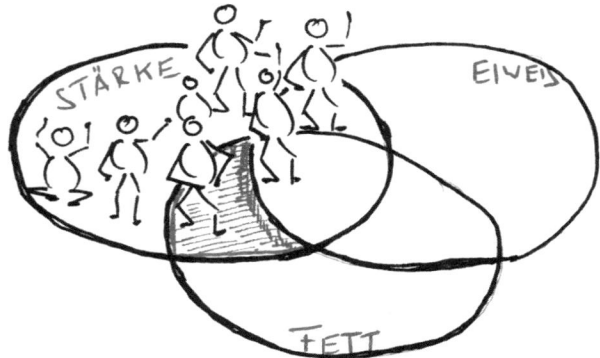

Bestandteile der Nahrung, hier von Brot

Fragt man beispielsweise, ob Brot hauptsächlich Stärke, Eiweiß oder Fett enthält, könnte eine Situation wie in vorheriger Abbildung entstehen. Der Schüler im schraffierten Feld hält sowohl Stärke wie auch Fett für Hauptbestandteile und liegt somit falsch.

Eine weitere Anwendung ist eine Abstimmung oder ein Meinungsbild, beispielsweise wer im Schullandheim nach Frankreich, Österreich oder in die Schweiz fahren möchte. Wenn jetzt alle in der Klasse in der Mitte stehen, wäre jedes Land gut.

Die Methode geht ebenso mit zwei Kreisen, vier Kreise lassen aus geometrischen Gründen nicht mehr alle Kombinationsmöglichkeiten als Standorte zu. Das Zeichnen von Kreisen oder das Markieren mithilfe von Schnüren oder Seilen ist eher draußen möglich. Unterstützen kann man die einzelnen Aussagen (Stärke, Eiweiß und Fett) mit farbigen Kreisen. Wählt man Rot, Blau und Gelb, so ergeben sich an den Überschneidungen entsprechend des Farbkreises die Mischfarben grün, orange und lila. Als Alternative kann man die Kreise durch Punkte ersetzen.

Statt Kreise auf den Boden zu zeichnen, kann man auch mit Entfernungen arbeiten. Entsprechend der Punktanzahl (einen, zwei oder drei) gibt es unterschiedliche Anwendungen:

**Ein Punkt**, beispielsweise markiert durch ein Mäppchen in der Mitte des Raumes, wird mit einem Inhalt belegt. Dieser Ort kann für völlige Zufriedenheit mit seinen eigenen Leistungen im Fach Deutsch stehen oder für völlige Zufriedenheit mit dem Unterricht, genauso gut für eine völlige Ablehnung des momentanen Themas …

Statt selbst Position einzunehmen, können auch private Gegenstände in eine Position gebracht werden.

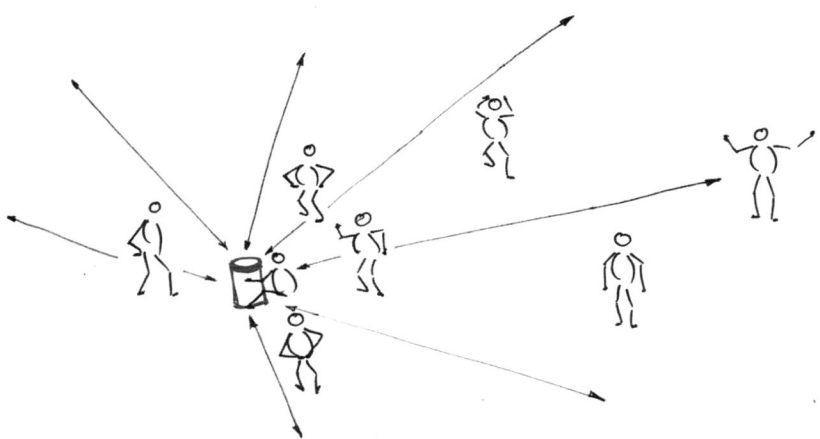

Darstellung von Standpunkten mittels Abständen

**Zwei Punkte** beinhalten eine Spannung. Man kann zwischen zwei Polen stehen, an einem näher als am anderen. Die Person im Beispiel ist Position Nr. 2 mehr zugeneigt als Position Nr. 1. Im Gegensatz zur einfachen „ja"-„nein"-Kodierung im Anfangsbeispiel werden hier Zwischenzustände transparent gemacht.

Abstand zwischen zwei Positionen

Wählt man Stühle als Punkte, so kann man „zwischen den Stühlen stehen" erlebbar machen. Das ist spannend, man denke hier beispielsweise an Themen wie Genforschung oder Abtreibung.

Werden beide Positionen (an einer Wand entlang) auseinander gezogen, so
entsteht ein „Schieberegler". Die Schüler stellen die Regler dar. Zum Beispiel kann man ein Feedback über das *Interesse am Thema* oder *die
Genervtheit wegen Störungen im Unterricht* hiermit erfragen. In nach-
folgender Abbildung steht die Person links ungefähr bei 20 %.

Schüler geben ein Feedback als Schieberegler

Auch zwei Schieberegler sind möglich, indem man ein Koordinatensystem
im Klassenzimmer einführt. Klassenzimmer sind meist rechtwinklig gebaut,
und so kann eine Ecke als Ursprung dienen. Jetzt gibt es neben der Dimension „links – rechts" noch „vorn – hinten". Als Beispiel dient ein Feedback
über eine geschriebene Klassenarbeit (vgl. folgende Abbildung).

Der Schüler mit der Mütze hatte einen geringen Arbeitsaufwand und ist höchst zufrieden
mit seiner Leistung

Solche Standbilder regen eine Diskussion mehr an als Ergebnistabellen
eines Umfragebogens, da die Schüler mit ähnlichen Themen sich treffen, es
findet eine räumliche Sortierung statt. Hat man keine Angst davor, die
Übersicht zu verlieren, kann man noch die dritte Raumkoordinate hinzu-
fügen.

Auch **drei Punkte** ergeben Sinn. Hier wird als Anwendung ein Feedback
vorgestellt. Natürlich lassen sich die Beispiele mit den Kreisen (Nahrungs-
mitteln, Schullandheim) genauso umsetzen.

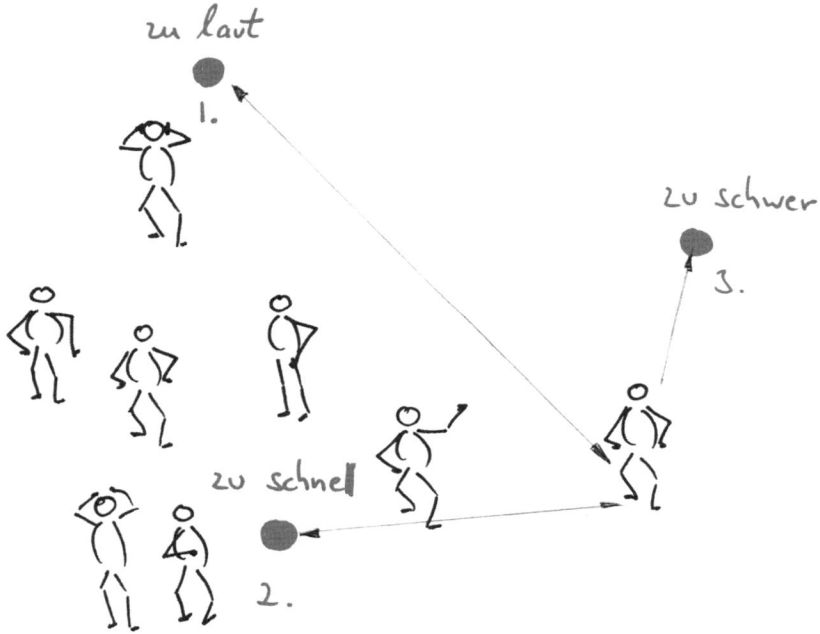

Körper und Raum – 3 Punkte

Dem Schüler in obiger Abbildung rechts ist der Unterricht zu schwer und
auch zu schnell, hingegen empfindet er den Unterricht nicht als zu laut.
Allerdings ist er im Gesamtbild eine *Ausnahme*, da der Großteil der Gruppe
den Unterricht zu *schnell* umkreist und auch in Richtung *laut* tendiert.
Beachten Sie die Wirkung des Standbildes auf den Ausreißer: *räumlich*
wirkt es stärker, als wenn das Ergebnis auf einer Folie präsentiert wird.

Fast alle Standbilder können genauso gut mit Figuren nachgestellt werden.
Die Schüler sollten hierzu einen ihnen vertrauten Gegenstand mitbringen.
Damit die Identifizierung leichter fällt, sollte er dem Schüler etwas wert
sein. Selbst an Ort und Stelle zu sein ist etwas anderes als einen Stellvertre-
ter hinzustellen. Im ersten Fall kann man die Situation selbst erleben, im
zweiten betrachtet man die Situation aus der Vogelperspektive. Beides hat
seine Vorteile.

## Die dritte Dimension

Die dritte Raumdimension ist noch nicht genutzt werden. Jeder Schülerkopf markiert einen Punkt im Raum, sechs verschiedene Positionen können eingenommen werden: 1. liegend am Boden, 2. sitzend am Boden, 3. auf dem Stuhl sitzend, 4. stehend, 5. auf dem Stuhl stehend und 6. auf dem Tisch stehend. (Wenn es Ihnen gefährlich erscheint, die Schüler auf den Tisch steigen zu lassen, so streichen Sie mit Nummer 6 auch Nummer 1 – da der Mensch immer zur Mitte tendiert, ist es besser, sich auf eine gerade Anzahl zu beschränken.)

Einteilung von Positionen nach der Höhe

## Abfragen

von Vokabeln, Kopfrechnen, Fremdwörtern, Hausaufgaben ... es geht fast alles. Zu Beginn stehen alle Schüler auf dem Tisch. Der Lehrer stellt eine Frage. Kann diese ein Schüler nicht beantworten, geht er eine Etage tiefer. Das geht natürlich nur, wenn alle ehrlich sind. Mit einem imaginären Mikrophon befragt der Lehrer einen Schüler, der seinen Standort nicht gewechselt hat.

Diese Abfragetechnik enthält eine Fülle von Vorteilen:

1. Alle Schüler müssen Position beziehen.
2. Dass es um „Abfragen" geht, wird von den Schülern nicht als unangenehm empfunden, da der spielerische Charakter im Vordergrund steht.
3. Dennoch gibt es ein Ranking zwischen den Besten.
4. Schüler, die wenig wissen, werden nicht bloßgestellt – sie ziehen sich zurück, und der Rest bleibt im Vordergrund.
5. Der Lehrer erhält in dem entstehenden Standbild ein unmittelbares Feedback, was bei den Schülern angekommen ist.
6. Alle Schüler kommen in Bewegung, das Blut zirkuliert wieder.

## Barometer

Statt abzufragen, kann eine Selbsteinschätzung der Schüler in einem Standbild festgehalten werden. Beispielsweise stellt man Fragen, wie sicher sich
die Schüler in einem bereits abgeschlossenen Thema fühlen. Je nach Selbsteinschätzung nimmt der Schüler eine Position zwischen eins *(„kann ich
alles")* und sechs *(„nie gehört")*, vgl. auch Abbildung S. 46, ein. Mitunter
gibt es recht erstaunliche Bilder, wenn alle Schüler „sterbend" auf dem
Boden liegen.

## Auf den Tisch steigen

Der Lehrer stellt eine sehr konzentrierte Atmosphäre her und beginnt
Schritt für Schritt mit einer Erklärung. Wenn ein Schüler nicht mehr mitkommt, es ihm „zu hoch" ist, stellt er das auch räumlich dar, indem er auf
den Tisch steigt. Diese Maßnahme wird als Warming up benutzt: Ab einem
bestimmten Schwierigkeitsgrad stehen alle Schüler auf dem Tisch.

Beachten Sie, wie die „Fäden" zwischen Lehrer und Schüler reißen. Meist
geschieht es schlagartig: ganze Teile der Klasse werden mit hinaufgezogen.
Für den Lehrer mag das als Feedback nützlich sein, an welcher Stelle die
Schüler „den Faden" verlieren.

## „Gleich und gleich gesellt sich gern"

Die häufig unterschwellige, aber nicht ausgesprochene Idee, dass alle Schüler gleich sind und gleich behandelt werden sollen, macht keinen Sinn.
Natürlich ist jeder Mensch einmalig und bedarf daher keiner gleichen, sondern einer ihm gerechten Behandlung. Oft handeln Lehrer nach dem Vorurteil, dass alle Schüler in ihrem Fach gut sein *wollen*. Dem muss keineswegs
so sein. Ein Schüler kann durchaus mit einer schlechten Note in einem Fach
zufrieden sein. Vielleicht ist er sogar stolz darauf. Um ein weiteres Beispiel
zu geben: Ich möchte gar nicht, dass *allen* dieses Buch, in dem Sie gerade
lesen, gefällt!

Fast alle Schüler, die ich kennen gelernt habe, handelten nach dem Prinzip
der größten Wirkung. In Schülerworten: „Wie kann ich mit dem geringsten
Aufwand das maximale Ergebnis erreichen?" In fast jedem Unterricht sitzen Leute, die mit einer Vier durchaus zufrieden und glücklich sind.

Zurück zur Unterrichtssituation: Jeder Schüler hat sein eigenes Niveau und
seine eigenen Leistungsvorstellungen, Interessen und Ziele. Hier ein Vorschlag, die Schüler bewusst ungleich zu behandeln. Es ist ein Beispiel für
*äußere Differenzierung*.

## Boxen in vier Raumecken (farblich kodiert)

Das nun vorgestellte Prinzip eignet sich gut für Übungen und Freiarbeit.
Der Stoff wird vom Lehrer in vier Schwierigkeitsgrade zerlegt:

*Basics (entspricht der Note ausreichend)*
*Standard (befriedigend)*
*Experten (gut)*
*Profis (sehr gut und besser)*

Eine Anlehnung an Noten ist schwierig und diskussionsbedürftig. Da es aber die Einteilung ist, die jedem „etwas sagt"[7], habe ich diese Orientierung mit etwas Bauchweh gegeben, da auch ein „Ausreichender" in anderen Gebieten Profi sein kann und vermutlich auch ist.

Die Schüler bestimmen ihre Arbeitsaufgaben

In den Boxen finden die Schüler verschiedene Aufgaben, aus denen sie auswählen dürfen. Wichtig ist die räumliche Trennung der Boxen, da sich hier entsprechend gleich starke Lernpartner treffen! Statt Kopien kann als Minimalversion auch auf Aufgaben in einem Buch verwiesen werden, in der Box liegen dann Zettel derart: „grünes Buch, S. 32, Aufgabe 5". Damit sichergestellt wird, dass die Schüler sich nicht einfach die Aufgabe holen und dann auf ihren Platz zurückgehen, kann man die Aufgaben aus fremden Büchern entnehmen. Natürlich lernt das Auge mit: So wirken speziell zubereitete Aufgaben (laminiert, farblich nach Schwierigkeitsgrad kodiert) wertvoller. So können Sie natürlich erst einmal dieses Buch ins Wasser werfen – der Inhalt bleibt gleich, aber die Lust am Lesen geht zurück.

Achtet man in der nächsten Übungsstunde auf den gleichen Standort der Boxen, werden die Schwierigkeitsstufen von Basics bis zum Profi im Raum stärker verankert. Ein Wechsel bringt Unübersichtlichkeit.

---

[7] Wundern Sie sich auch häufig, was alles unter *gut* oder *ausreichend* verstanden wird?

## Der Ort vor der Tafel

Bittet man *alle* Schüler, an die Tafel zu kommen, um einen wichtigen Gedanken zu erklären, so wird dadurch Aufmerksamkeit erreicht. Obwohl die Sicht auf die Tafel teilweise durch Köpfe verdeckt wird.

Jochen Grell gibt in seinem Buch „Techniken des Lehrerverhaltens" (1974) ein anderes Beispiel: Lässt man die Schüler auf dem Tisch sitzen, lässt sich zumindest kurzfristig eine wesentlich höhere Aufmerksamkeit erzeugen. Man kann einen Schritt weitergehen und die Schüler wie folgt konditionieren: Bittet der Lehrer die Schüler, an die Tafel zu kommen oder auf dem Tisch zu sitzen, ist der Inhalt sehr wichtig.

## Nachhilfe im Unterricht

Statt in einer Übungsstunde durch die Klasse zu gehen, bittet man die Schüler, die Schwierigkeiten haben, an die Tafel. Damit ist eine klare Trennung in Einzelarbeitsraum (Schülerplatz) und Frageraum (beim Lehrer an der Tafel) gegeben. Kann jemand nicht allein arbeiten, wird er sofort mit nach vorn gebeten.

Mitunter kommt es vor, dass die halbe Klasse nach vorn stürmt. Damit gibt die Klasse ein Feedback an den Lehrer, und dieser kann fragen, ob er noch einmal für alle eine Erklärung geben soll. Oft kann jetzt eine Aufgabe Schritt für Schritt durchgegangen werden, was sonst nur zäh und schleppend gelingt.

## Durch Bewegung Wissen markieren

Wenn ca. die Hälfte der Klasse den Stoff nicht verstanden hat, sollen genau diese Schüler stehen bleiben. Die „Wissenden" gehen auf die „Nichtwissenden" zu und erklären den Stoff. Ist der „Nichtwissende" zum „Wissenden" geworden, darf dieser sich auch bewegen, bis alle sich bewegen dürfen.

Alternativ können die „Wissenden" als „Weise" auf ihrem Platz verharren, und die „Nichtwissenden" suchen sich ihren eigenen „Lehrer" aus. Auf diese Weise erstarrt nach und nach der ganze Raum.

Der Lehrer erhält in beiden Fällen unmittelbar ein Feedback, welche und wie viele Schüler den Stoff verstanden haben und wie sich das Wissen ausbreitet.

## Die Loci-Methode

Neu ist die Idee nicht. Ein Lernen an verschiedenen Orten wurde schon in der Antike genutzt. Cicero schritt gedanklich die Umgebung des Forums in Rom ab, um Reden auswendig zu lernen. Bei der *Loci-Methode* schreibt man sich den Lernstoff auf Karten und begibt sich auf einen Spaziergang.

Der Inhalt einer jeden Karte wird an einer bestimmten Stelle gelernt. Dieser Ort wird auf der Karte notiert. Das kann die Bushaltestelle, ein Baum, eine Blume, ein Zigarettenautomat sein. Beispielsweise lässt sich auf diese Weise ein Gedicht sehr gut auswendig lernen: Die erste Zeile wird an der Bushaltestelle gelernt, die zweite beim Baum, die dritte bei der Blume usw. Zur Wiederholung wird der Weg erneut abgeschritten. Die Idee der *Loci-Methode* spiegelt sich in einigen Methoden in diesem Buch wider, beispielsweise in *Lebensläufe und Stationslauf* (vgl. 2.7).

## Lernzirkel

Das menschliche Gehirn speichert Daten ortsabhängig. Möchte ein Lernzirkel, der über mehrere Stunden verläuft, diesen Effekt ausnutzen, müssen die Stationen stets an genau derselben Stelle sein. Die Stationen selbst sollten so unterschiedlich wie möglich gestaltet sein. Im herkömmlichen Unterricht macht es wenig Sinn, Station eins an der Bushaltestelle aufzubauen. Aber zumindest können zwei Tische vor der Tür des Klassenzimmers stehen und die restlichen im Klassenzimmer analog der Kartenverteilung beim Memory verteilt. Zu den Aufgaben passende Gegenstände helfen mit, den „Raum" zu verändern, ebenso unterschiedlich farbige Aufgabenblätter.

### Räumliche Distanz zu Lösungen

Der Lernzirkel lässt sich noch weiter in Richtung „Eigenverantwortung" ausbauen, indem man die Lösungen zu den Aufgaben den Schülern zugänglich macht: Auf einem Tisch abseits aller Stationen (Pult) werden alle Lösungen beispielsweise in Briefumschlägen ausgelegt. Der Schüler darf sich die Lösungen ansehen, aber er darf sie *nicht* mit zum Platz nehmen. Es soll die Idee transportiert werden und nicht der Text abgeschrieben werden.

Natürlich braucht es keinen Lernzirkel, um Aufgaben und Lösungen voneinander räumlich zu trennen. Eine minimalistische Umsetzung dieser Idee besteht darin, Aufgaben an die Tafel zu schreiben und die Lösungen auf dem Pult auszulegen. Eine Variante gibt es für Klassenarbeiten: Wenn Sie eine Klassenarbeit selbst mitschreiben, können Sie Ihre Musterlösung draußen vor die Tür hängen. Damit hat

1.  der Schüler eine *unmittelbare* Lernzielkontrolle. Bekommt er die Arbeit in einer Woche wieder, so ist das Interesse wie auch der Lerneffekt bei vielen erloschen. Direkt nach der Arbeit wird am lebhaftesten diskutiert.

2.  Sie lassen sich als Lehrer selbst *in die eigenen Karten schauen*. Stets sieht der Lehrer, was die Schüler machen, aber der Schüler sieht in der Regel nur dessen Rotstift.

3.  Wenn Sie die Lösungen weit entfernt genug aufhängen, ist auch noch Stille im Klassenzimmer, wenn die Hälfte bereits abgegeben hat.

## Zwei Sitzordnungen: Das Farbgruppensystem

Arbeitet man häufig mit Gruppen, bieten sich Langzeitgruppen an, die sich nicht nur einmalig zur Gruppenarbeit zusammenfinden, sondern über eine lange Zeit – ein bis zwei Jahre – innerhalb ihrer Gruppe zusammenbleiben. Somit muss nicht jedes Mal neu eine Gruppeneinteilung stattfinden, die einzelnen Mitglieder kennen besser ihre Stärken und Schwächen und können so besser zusammenarbeiten. In der Praxis erweist sich eine Farbcodierung der Gruppen als besonders nützlich. Somit teilt sich die Klasse in eine rote, grüne, blaue, gelbe, orange und violette Gruppe.

Über die Arbeit mit Gruppen ließe sich ein eigenes Buch schreiben. Hier soll nur der Raumaspekt behandelt werden. Der Clou in dieser Technik liegt in dem Zusammenspiel zweier Sitzordnungen: einer „normalen" und einer Gruppensitzordnung.

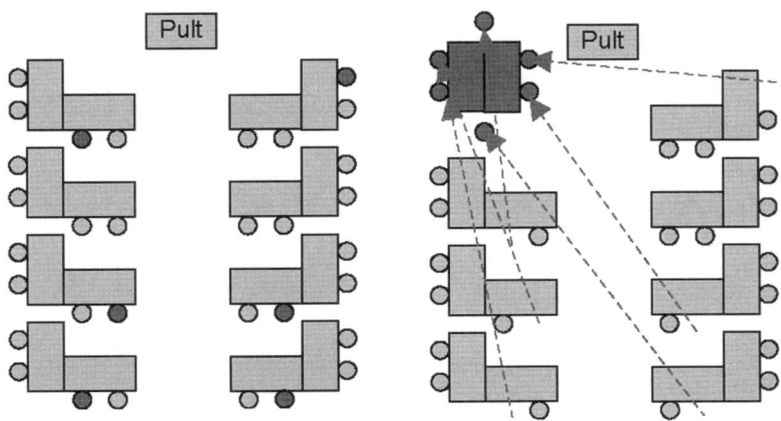

„Normale" Sitzordnung und Farbgruppensitzordnung

Gruppenarbeit ist mehr, als nur Tische und Bänke zu verrücken. Peter R. Wellhöfer schreibt hierzu: „Wenn es die Gruppe nicht geben würde, dann müssten wir sie erfinden, da in ihr Ergebnisse erzielt werden können, die der individuellen Leistung der einzelnen Gruppenmitglieder überlegen sind. Dieser Gruppenvorteil tritt jedoch nur auf, wenn wir gewisse Regeln beachten" (Wellhöfer 2001, S. 51). Oder kurz: Die Gruppe ist die beste, gleichzeitig auch die anfälligste Arbeitsform. Damit Gruppenarbeit effektiv funktioniert, muss sie entsprechend eingeführt werden. Hier ein erprobter Vorschlag für die Praxis:

**Sensibilisierung und Vorbereitung**

Der Schüler muss erfahren, was ihm Gruppenarbeit bringt, damit er es auch will. Erzwungene Gruppenarbeit scheitert.

Hier eine Auflistung der Vorteile:

- Die Gruppe ist besser als die Summe ihrer Teile. Würde es die Gruppe nicht geben, so müssten wir sie erfinden! (vgl. Wellhöfer)
- Schüler können sich die Unterrichtsgegenstände gegenseitig mitunter besser beibringen, als wenn sie vom Lehrer beschult werden.
- Je ähnlicher sich Personen sind, desto mehr können sie voneinander lernen. So stehen sich Schüler verbal und nonverbal gegenseitig näher als dem Lehrer gegenüber. Allein sprachlich betrachtet, muss der Schüler keine Generationenentschlüsselung betreiben, um die Worte des Lehrers zu verstehen. *„Ach sooo – warum sagt er's nicht gleich so? Warum so umständlich?"*
- Was wird unter Gruppenarbeit verstanden? Tische werden zusammengerückt, und es beginnen Unterhaltungen über Kino, Freundschaften und Sonstiges. Diese Gespräche sind wichtig: hier finden die Gruppenmitglieder heraus, wie der jeweils andere ist, wie er denkt, wie er sich darstellt und wie er für gewöhnlich vorgeht. Dieser „social noise" wird erst dann zum (unterrichtlichen) Problem, wenn *jede* Gruppenarbeit diese Zeit im vollen Umfang jedes Mal aufs Neue benötigt. Hierin liegt der Vorteil von *Langzeitgruppen*, die über ein oder zwei Jahre zusammenarbeiten. Der „social noise" beginnt nicht jedes Mal von vorn.

**Erklärung des Farbgruppensystems**

Es sollen sechs gleich starke Gruppen gebildet werden. Um dies zu gewährleisten, soll in jeder Gruppe ein „guter" Schüler sitzen. Er wird zum Ansprechpartner und Co-Lehrer der Gruppe. Fragt man die Klasse, ob dieses Vorgehen o.k. ist, verhindert man, dass die Co-Lehrer als „Streber" verschrien werden. Es ist klarzustellen, dass sich hier keine einzelnen Schüler profilieren. Wenn alle Schüler diese Art von Langzeitgruppen wollen, sollen sie selbst Gruppen finden, in denen sie gut arbeiten können. Der Lehrer verteilt hierzu an die Co-Lehrer sechs farbige Kreiden (gelb, rot, blau, orange, violett und grün) und bereitet ein Mindmap an der Tafel vor:

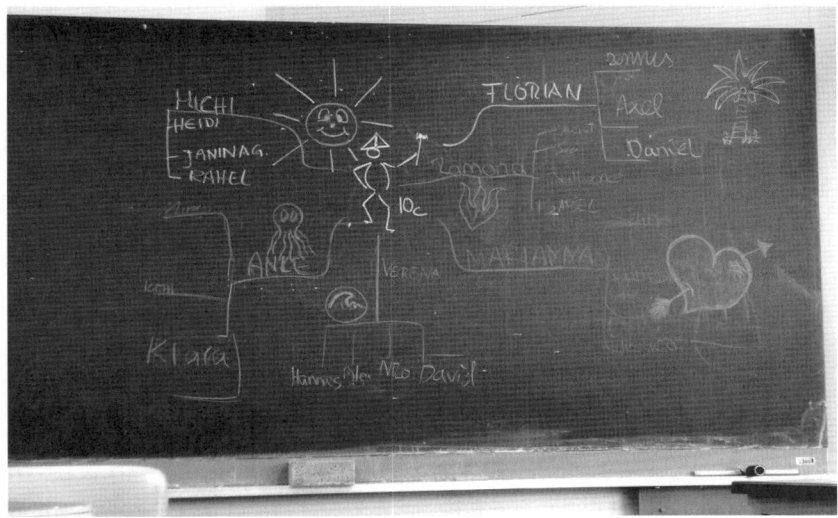

Mindmap zur Fixierung der Farbgruppen

Auf die Hauptäste werden die Co-Lehrer in der entsprechenden Farbe geschrieben, der Rest der Gruppe in dessen Verzweigung. Es ist Aufgabe des Lehrers, so lange zu warten, bis alle Gruppen – so weit möglich – die gleiche Teilnehmerzahl haben. Dieses „Aussitzen" dauert in der Regel drei Minuten, mitunter auch über 20 Minuten.

## Farbregionen und Fixierung

Im Anschluss wird das Klassenzimmer in Farbregionen eingeteilt. In Abbildung S. 51 ist beispielsweise vorn links die Heimat der Farbe rot. Die Schüler erhalten zwei Arbeitsaufträge:

• Mit möglichst wenig Tischerücken sollen sie eine „gute Sitzordnung" für ihre Gruppe herstellen.

• Danach sollen sie ein Logo – passend zu ihrer Farbe – erstellen. Wenn Sie nicht in jeder Klasse eine Orange als Symbol sehen möchten, dann verbieten Sie Orangen und Zitronen. Und wenn Sie Hanfblätter und Bierflaschen als Wahl der Farbgruppen grün und blau verhindern wollen, dann sagen Sie *vorher* den Schülern, dass Sie solche Logos bereits kennen.

Bevor die Schüler die Sitzordnung wechseln, sollte noch auf Fallstricke hingewiesen werden. Betrachtet man die Stellung der Tische in Abbildung S. 54, so *kann* sich Person 2 mit Person 5 unterhalten, aber es *wird* nicht passieren. Allein die Anordnung der Tische bringt es mit sich, dass Person 5 ausgegrenzt wird.

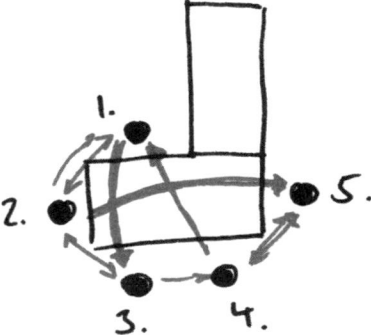

Person Nummer 5 wird aus der Gruppenarbeit (unbewusst) ausgeschlossen

Beobachtet man eine solche Gruppenarbeit und stellt jeden Einzelbeitrag der Kommunikation mit Pfeilen dar, so lässt sich die Ausgrenzung verdeutlichen. Zum Schluss fügen die einzelnen Gruppen ihr Logo an der Tafel hinzu.

## Nützliche Werkzeuge statt Anschriebe und Plakatierungen

Fast jeder Lehrer benutzt die Schmiertafel. Damit ist ein Teil der Tafelfläche gemeint, die der Schüler nicht ins Heft übernehmen soll. Hier wird eine Wertigkeit räumlich kodiert – die Schmiertafel ist nur vorübergehend interessant. Weniger verbreitet sind Dauertafeln. Manchmal sind sie seitlich im Klassenzimmer angebracht und dienen zur Ausstellung zentraler Lerninhalte. Ähnlich kann eine Pinnwand genutzt werden. Es gibt weitere, weniger bekannte, jedoch nützliche Hilfsmittel zur Alternative von Dauertafeln und Pinnwänden:

### Flüssigkreide

Die Fenster können mithilfe von Flüssigkreide als Dauertafel genutzt werden: Der Schüler hat somit den *Durchblick.*

Aber es ist nicht nur der *Durchblick,* was das Beschreiben der Fensterflächen ausmacht. Einige gute Argumente für den Einsatz:

- Konzentration: Es ist einfach ungewohnt, dass jemand auf die Scheibe schreibt. Was auch immer Sie ans Fenster schreiben, alle werden fasziniert hinsehen.
- Falls Sie keine Dauertafel im Unterricht haben, haben Sie jetzt eine. Und diese ist meist seitlich. Also können Sie aus einer anderen Position heraus unterrichten und beispielsweise stärker disziplinieren. Im Abschnitt 2.3 wird die Bedeutung von den *Aufenthaltsorten des Lehrers* weiter ausgebaut.

Lerninhalte mit Durchblick

- Sie brauchen keinen Tesafilm und keine großen Papierbögen, die hinterher ins Altpapier kommen. Natürlich *kann* man solche Sachen Stunde für Stunde in den Unterricht mitschleppen. Aber man *wird* es eben nicht tun. Natürlich können Sie Ihren Unterricht perfekt planen und am Tag X Papier und Kreppband mitbringen, aber für direktes, kreatives Arbeiten brauchen Sie das Material *griffbereit*. Das ist die stärkste Eigenschaft von Flüssigkreide: Der Stift passt ins Mäppchen und lässt sich viel leichter als Tesafilmreste entfernen.

- Und wenn der Schüler einmal verträumt in die Landschaft schaut, so schaut er aus dem Fenster. Wieder und wieder wird ihm dieser zentrale Inhalt vor Augen geführt.

Die Stifte gibt es handelsüblich in vielen Farben und in zwei Stärken: Strichstärke 2–3 mm und Strichstärke 4–15 mm.

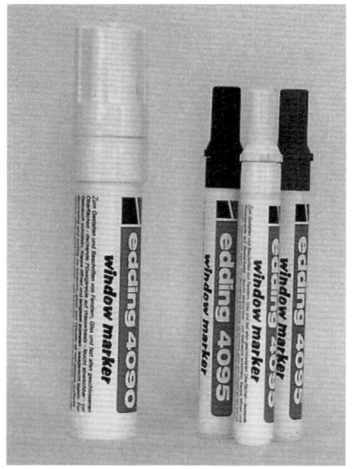 

Flüssigkreide und Tafelkleber

## Tafelkleber

Mit Hilfe eines Tafelklebers können Moderationskarten oder Lernhilfen auf
alle geschlossenen Untergründe geklebt werden. Spuren werden nicht hin-
terlassen, dafür ist mehrmaliges „Umkleben" möglich.

## Magnete

stellen eine Alternative zum Tafelkleber dar. Sie halten im Gegensatz zu
Tafelklebern allerdings nur an magnetischen Tafeln.

**Laserpointer**

sind wesentlich teurer und gefährlicher. Der Reiz daran: Der Schüler kann *von seinem Platz aus* (!) Dinge an der Tafel anzeigen. Kurz: Tafelarbeit ist mit vielen Metern Abstand zur Tafel möglich.

Gelangt das Licht des Pointers ins Auge, so können irreparable Schäden entstehen. Für die Oberstufe halte ich dieses Hilfsmittel dennoch für geeignet, wenn der Lehrer den Schülern den fachgerechten Umgang mit dem Laserpointer zeigt.

**Moderationskoffer**

Die Idee: Alles parat in einem Koffer. Ein Griff genügt, und Sie haben Folien und Stifte, Moderationskarten, Scheren, Kreppbänder, Schnüre, Magnete, Tafelkleber – wie auch immer Sie sich eingerichtet haben. Der Mensch verwendet eben viel häufiger Dinge, die er *unmittelbar* zur Verfügung hat. Auch wenn es beispielsweise einen Schraubenzieher im Haus gibt, so wird oft erst *alles andere* versucht, um die Schraube in Bewegung zu setzen, als das Werkzeug zu holen. Das gilt für sehr viele Menschen. Der Vorteil eines Moderationskoffers ist also nicht in erster Linie, dass Sie viele Materialien sammeln, sondern dass er *griffbereit* ist.

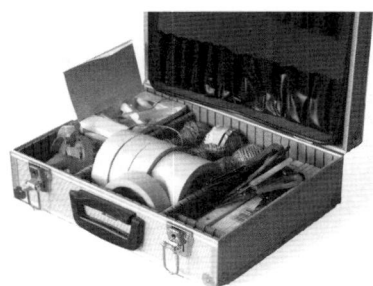

## 2.4 Territorien des Lehrers

Lehrer haben ihr Territorium, in der Regel beanspruchen sie den Raum zwischen Pult und Tafel für sich. Mitunter kommt es vor, dass sie diesen für kurze Augenblicke verlassen, um sich dann wieder fluchtartig hinter dem Pult zu verschanzen.

Machen Sie es anders?

Sind Sie sicher?

Wirklich?

Sie können sich am Ende dieses Abschnittes einem Test unterziehen, zuvor noch eine Bemerkung: Wo sich der (Lehr-)Körper im Unterricht befindet, ist – vor allem im lehrerzentrierten Unterricht – zentral. Betrachtet man

diese Tatsache unter einem theatralen Gesichtspunkt, so ist man sehr ver-
wundert, warum im Allgemeinen der *Position* des Unterrichtenden so wenig
Bedeutung beigemessen wird.

### Eine Grundübung des Theaters: Das Zug um Zug-Prinzip

Auf den Boden wird ein kleines „Schachbrett" gezeichnet (vgl. nachstehende Abbildung).

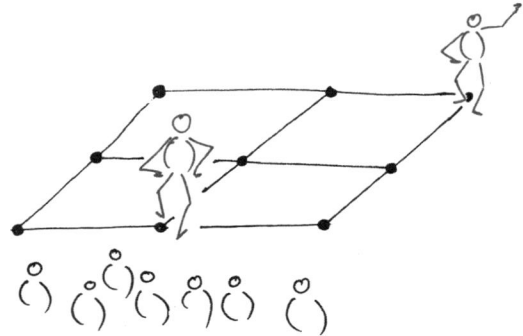

Grundübung zu Körper um Raum

Die Spielregel: Es wird kein Wort gesprochen. Zwei Personen betreten das
„Schachbrett" und ziehen wie bei einem Mühlespiel abwechselnd auf einen
anderen, unbesetzten Gitterpunkt. Es *muss* gezogen werden! Vor jedem
Zug soll die jeweilige Spielfigur

1. *beobachten:* Wohin ist die andere Figur gezogen, wo steht sie jetzt?
2. *bewerten:* Was bedeutet das für mich? – Was macht das mit mir? – Was
   fühle ich?
3. *reagieren* auf die neue Situation (Standort der anderen Figur): Wo
   gehe ich hin?

Diese Regeln stellen ein *Zug um Zug-Prinzip* dar. Ziel des Spiels ist, mehr
Macht als die andere Figur zu bekommen. Welcher Raumpunkt, welcher
Spielzug ist hierfür am besten? Die Figuren „spielen" jedoch keine Rolle, sie
wechseln lediglich ihren Standpunkt. Im Anschluss an die Übung sollen die
Zuschauer erzählen, was sie alles gesehen haben.

Diese Übung sollte man – zumindest als Lehrer – einmal gemacht haben.
Allein dadurch, wo man sich im Raum befindet und wie gezogen wird, werden Machtverhältnisse demonstriert. Es *wirkt* also – ob uns das passt oder
nicht. Nur weil man etwas nicht direkt wahrnimmt, heißt das noch lange
nicht, dass etwas nicht *wirkt*. Die „Großen der Geschichte" berechneten
sehr wohl, wo sie sich aufbauten – wissen Sie schon, wo der strategisch beste
Punkt für eine Machtausübung ist?

Zuerst ist man versucht, die Mitte als den stärksten Punkt auszuwählen: das Zentrum. Das wird auch von den Zuschauern so wahrgenommen. Aber dann geht die Geschichte weiter: Die Figur in der Mitte *muss* ziehen, dass heißt, sie muss die Mitte – den besten Platz – verlassen. Mit anderen Worten: Sie verlässt den „Ring". Jeder sieht das – und egal, was sonst passiert: der, der „aus dem Ring" steigt, ist der Verlierer.

Was bedeutet diese Erkenntnis auf das Klassenzimmer übertragen? Der Aktionsmittelpunkt ist offensichtlich der Raum vor den Schülerbänken. In nachstehender Abbildung hält der Lehrer innerhalb des gekennzeichneten Platzes eine Moralpredigt.

Der Lehrer steht im Zentrum, das er wieder verlassen muss

Egal, wie lange die Rede des Lehrers anhält, egal, auf welche Art und Weise und wann er „aus dem Ring" steigt – jeder Schüler nimmt wahr, *dass* er „aus dem Ring" steigt. Bedenkt man zusätzlich, dass der Löwenanteil der Kommunikation nonverbal ist, sollte sich der Lehrer überlegen, ob dieser Ort für sein Vorhaben wirklich glücklich gewählt ist. Auch wenn das Wirkungsfeld direkt vor den Schülern im ersten Augenblick am stärksten ist, besitzt der „Abgang des Moralpredigers" eine gegenteilige Wirkung. Alternativ könnte man eine Seitenposition wählen:

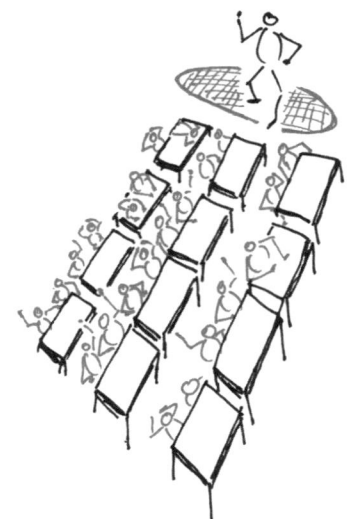

Standort des Lehrers – seitlich

Hier muss der Lehrer nicht mehr unmittelbar den Ring verlassen. (Man vergleiche die Position von Diktatoren in der Geschichte – sie saßen meist seitlich!)

## Platzcodierung und Verhaltenskonditionierung

Eine weiterführende Raumnutzung nutzt die verschiedenen Orte des Lehrers, um sie bewusst mit Inhalten zu belegen. So ist in dem vorgestellten Unterricht das Domizil „Moralpredigt" räumlich vom Domizil „Unterricht" getrennt, was den Zuschauern – den Schülern – die augenblickliche Rolle des Lehrers zu verstehen erleichtert. Diese Belegung existiert ohnehin, neu ist hier wieder nur die *bewusste* Codierung des Ortes.

So ist dem Schüler beispielsweise klar, dass er mit seinem Nachbarn reden darf, wenn der Lehrer während einer Übungsphase durch die Bänke geht, und dass er schweigen soll, wenn er direkt vor den Bänken wie in Abbildung S. 59, „im Ring" steht.

Ein Vorschlag für eine bewusste Ortscodierung: Vor den Bänken ist der Ort, der ungeteilte Aufmerksamkeit verlangt, seitlich steht der Lehrer bei Ankündigungen jeglicher Art, und nach hinten geht er, wenn er Besonderheiten jenseits des Schulstoffs mitteilen möchte.

Standort des Lehrers – hinten

Die Platzcodierung ist eine Art der Konditionierung, das heißt, Sie müssen *zu Beginn* sehr konsequent sein und keine Kompromisse machen, sonst wird dem Schüler weder bewusst noch unbewusst diese Codierung klar.

Mich selbst beschlich bei dieser Technik ein seltsames Gefühl, somit klärte ich auf einer Metaebene mit den Schülern, welche Verhaltensweisen ich von ihnen verlange, wenn ich zum Beispiel an der Tafel stehe. In diesem Falle durfte gesprochen werden, während ich direkt vor den Bänken Stille und Aufmerksamkeit forderte.

Eine letzte Anmerkung zur Platzcodierung: Natürlich kann man damit viel Disziplin erreichen. Der *Trick mit der Seite* in Abbildung S. 60 steht nicht deshalb in diesem Kapitel, damit Ihre Schüler besser parieren. Vielmehr haben Sie mit diesen Platzwechseln ein Werkzeug in der Hand für eine zusätzliche Strukturierung Ihres Unterrichts. Dass ein Schüler nicht 45 Minuten lang still sitzen kann, ist klar, er *muss* Dampf ablassen können, wie er auch teilweise „abhängen" *muss*. (Probieren Sie es aus und laufen Sie – wenn es Ihnen zeitlich möglich ist – nur einen Vormittag mit einer Klasse mit.) Es geht hier nicht um das Vermeiden dieser Dampfablass- und Abhängphasen, sondern um ihre Strukturierung. Sie können die Phasen geistiger Anspannung und Entspannung *räumlich* wechseln.

Typische Orte des Lehrers. Man achte auf den Standort zwischen den Reihen. An dieser Stelle nimmt der Lehrer einen völlig neuen Standort und somit auch eine andere Rolle ein – er steht „mitten unter seinen Schülern".

Soweit die Grundlagen. Die Spielwiese der Platzcodierung ist groß: So können die Orte durch Emotionen belegt werden oder auch durch unterschiedliche Unterrichtstempi usw.. Interessant für den Zuschauer sind immer Gegensätze: Sprechen Sie hier laut, dort hingegen leiser. Sie können auch die verschiedenen Domizile mit einzelnen Lehrertypen (vgl. 3.4) belegen. Egal was und wie Sie es tun – der Unterricht wird lebendiger und die Schüler wacher.

## Ein Selbsttest

Zeichnen Sie eine Skizze des Klassenzimmers und lassen Sie einen Kollegen (bzw. einen Schüler) jede Minute ein Kreuz für Ihre momentane Position machen. Der starre Minutentakt objektiviert die Beobachtung. Das Ergebnis könnte nachstehender Abbildung gleichen. Was lässt sich aus den 45 Kreuzchen ablesen? Welcher Unterrichtsstil hatte den Vorzug?

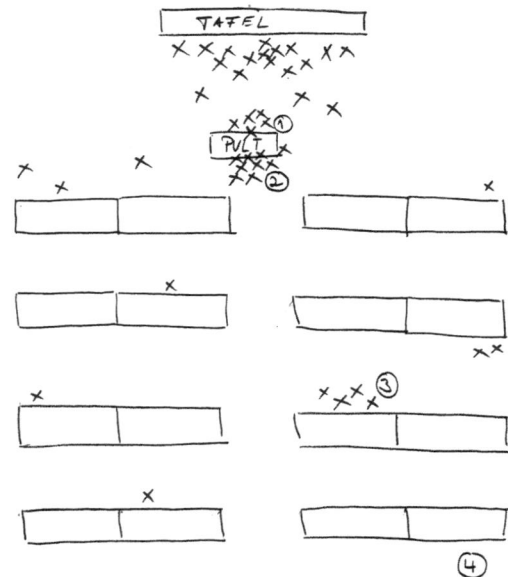

Position des Lehrers

Hier eine mögliche Lösung: Diese Stunde war lehrerzentriert und der Tafelanschrieb bzw. die Tafelarbeit war zentral und von großer Wichtigkeit. Position 1 legt nahe, dass der Lehrer sich öfter auf das Pult aufstützte, es also als Rednerpult benutzte. Position 2 zeigt, dass er sich längere Zeit darauf gesetzt oder sich zumindest angelehnt hat. Dann gab es einen Rundgang durch die Klasse, vielleicht eine Hausaufgabenkontrolle, wahrscheinlicher wurde aber eine Übungsaufgabe durchgeführt, da der Lehrer in Position 3 aufgehalten wurde. Weiter fällt auf, dass der Lehrer immer *vor* den Schülern stand und nicht von derselben Seite aus (Stuhlseite) in ihre Hefte geblickt hat. Position 4 hat der Lehrer nicht erreicht.

Für jeden Lehrer gibt es typische Ankreuzmuster, so genannte Patterns. Sie könnten mit etwas Übung Ihre Kollegen anhand dieser Signatur wiedererkennen! Wie dem auch sei, es geht hier nicht um einen Detektivlehrgang, sondern um Wirkungen. Auch wenn es vom Schüler wie auch vom Lehrer nicht bewusst wahrgenommen wird: Dieses Muster hat seine Wirkung, genauso wie unsere Stimme oder unsere Kleidung eine Wirkung besitzt. Diese Wirkung ist subtil, und weil es uns Menschen schwer fällt, diese zu messen, ignorieren wir sie lieber.

Wieder geht es nicht um das „richtige Muster", sondern darum, dass man es *wahrnimmt*. Blickt man auf das eigene Ankreuzmuster, wird man sich vermutlich verändern. Verhaltensweisen kann man nicht allgemein gültig schulen, Verhalten ist und bleibt sehr stark personenbezogen. Also hüte ich mich davor, Ihnen Ratschläge zu geben, welches Muster besser oder schlechter ist. Wenn Sie „Löcher" im Muster sehen, Häufungspunkte etc., ist das so ein wertvolles, jedoch wertfreies Feedback. Und wenn Sie es ernst nehmen, dann können Sie beginnen, damit zu spielen, und Ihr Verhalten wird um eine Dimension reicher. Nicht zuletzt ist es ein Aha-Erlebnis, das erste Mal ein solches Muster von sich selbst zu sehen.

## 2.5 Der „Vorhang"

Schenken Sie Ihrem Mann oder Ihrer Frau eine Reise, beispielsweise zum Geburtstag. Verraten Sie jedoch nicht das Ziel der Reise. Was auch immer Sie geplant haben: Der Weg dorthin ist mit Spannung erfüllt.

Noch ein Beispiel: Ich weiß etwas, aber ich sage es Ihnen noch nicht! „Ich sehe was, was du nicht siehst."

Ist die „Kiste aus dem Sack", ist die Spannung weg. Wenn es greifbar nahe ist, sich immer mehr nähert – das macht es aus und nicht das statische Dasein. „Der Weg ist das Ziel" – ich fürchte, diese Wahrheit ist in großen Teilen in der Schule verschüttet worden. Motivation ist ein großes Thema, von Spannung hört man selten.

Motivation hat oft einen unangenehmen Beigeschmack und wirkt auch etwas absurd: Der Stoff ist anscheinend so schlimm, dass man ihn verpacken muss, damit ihn der Schüler auch schluckt. Man tut geradezu so, als ob der Lerngegenstand so verabreicht werden muss, dass der Schüler gar nicht merkt, dass er gerade lernt. Soweit zur Motivation. Spannung ist etwas anderes.

### Verstecken von Unterricht

Die Methode ist einfach: Stellen Sie *vor* dem Unterricht einen zum Unterricht passenden Gegenstand unter ein Tuch. Was auch immer Sie unter das

Tuch packen: Sobald Sie öffentlich Dinge verborgen halten, erzeugen Sie Neugier: Jeder will wissen, was unter dem Tuch ist. Das nennt man Spannung. Dabei muss der versteckte Gegenstand gar nichts Besonderes sein. Es kann sich eine Waage, ein Lexikon, ein CD-Player darunter verbergen – interessant am Adventskalender ist eben nicht der Inhalt, sondern die Spannung, *was* denn heute wohl drin sein wird. Es ist auch ein Grund, warum Geschenke verpackt werden. Aber das Verstecken selbst ist nur *ein* Aspekt.

## Entdecken von Unterricht

Wenn Sie das Geheimnis lüften, das Tuch entfernen, dann sehen alle Augen auf das, was da gerade hervorkommt. Und das Publikum schaut *jetzt* darauf. Nicht einen Moment früher oder einen Moment später. *Jetzt.* Das ist vom theatralen Standpunkt aus betrachtet viel wert: Haben Sie beispielsweise ein Experiment aufgebaut oder einen Globus mitgebracht oder ein Karte: In dem Moment, in dem Sie das Tuch entfernen oder die Karte entrollen – *genau* in dem Augenblick, in dem der „Vorhang fällt", haben Sie die ungeteilte Aufmerksamkeit. Keiner hat zuvor darauf geschaut. *Für alle* ist es neu. So neu, als ob das Ding vorher noch gar nicht im Raum war.

Wenn Sie eine *Folie entwickeln,* gehen Sie nach demselben Prinzip vor. Würde man sofort die gesamte Folie zeigen, so würden die Zuschauer alles Mögliche lesen, nur nicht das, worauf Sie im Augenblick Wert legen.

## Eine Ouvertüre vor dem Klassenzimmer

Auch die Tür zum Klassenzimmer oder Fachraum kann die Funktion des Vorhangs übernehmen: Bevor der Lehrer die Klassentüre aufschließt, stellt er eine Frage. Man findet leicht Fragen für jeden Unterricht und jede Altersstufe – hier ein paar exotische Beispiele:

„Wie kann man große Menschenmassen beispielsweise auf Demonstrationen zählen?" (Naturphänomene Klasse 5)
„Kann Gott einen Stein schaffen, den er selbst nicht heben kann?" (Religion)
„Welche Farbe hat ein Kohlenstoffatom?" (Chemie)
„Ist Schiller ein Revolutionär?" (Deutsch)
„Wie sähe die Welt aus, wenn der Zweite Weltkrieg nicht stattgefunden hätte?" (Geschichte)
„Sollte ein 16-jähriger Mensch wählen dürfen?" (Gemeinschaftskunde)

Jeder Schüler soll die Frage *für sich* beantworten. Hat er ein Bild oder eine Idee vor Augen, darf er *schweigend* eintreten und sich setzen.

Die Methode ist umso stärker, je stiller es ist. Beachten Sie den didaktischen Wert:

Oft gibt *ein* Schüler eine Antwort zu einer Frage. Aber eben *nur einer*. Damit steht die Antwort schon im Raum, und der Rest der Klasse kann sich nur noch für oder gegen das Gesagte entscheiden. Jetzt ist eine freie Antwort, eine Assoziation nicht mehr möglich. Kommen hingegen die Schüler einzeln mit ihren gefundenen Antworten ins Klassenzimmer, sind diese schon *vor* der ersten gegebenen Antwort gedacht worden und sind somit vorhanden. Ob die persönliche Antwort nun richtig oder falsch ist, ist nebensächlich: Der Schüler hat bereits eine Meinung, und er wird die seine mit anderen Antworten *vergleichen*.

Hintergrund dieser Methode ist ein theaterpädagogisches Prinzip: Beim Modellieren einer Person oder einer Personengruppe wird so lange nicht gesprochen, bis der Letzte seine Idee ausprobiert hat. Erst dann wird diskutiert und aus den vielen Ideen eine Realität geschaffen. Ob nun eine einzige Idee den Vorzug erhält oder ob viele Ideen zu einer verschmelzen, ist offen.

Die beschriebene Methode lässt sich sehr gut auf Gruppenarbeit übertragen: Jeder in der Gruppe überlegt sich zuerst eine Antwort und trifft danach erst seine Partner zur gemeinsamen Problemlösung oder Diskussion. In der Praxis stellt der Lehrer eine Frage, dann stellt er sicher, dass jeder im Raum die Frage verstanden hat, und dann wird eine Minute in absoluter Stille nachgedacht.

## Prozess- und produktorientierter Unterricht

Stellen Sie sich eine Begegnung eines Liebespaars vor, beispielsweise am Bahnhof. Die Liebenden sind noch weit voneinander entfernt und kämpfen sich durch die Menge durch. Immer wieder werden sie voneinander abgedrängt. Schließlich finden sie sich. – Und jetzt ist die Spannung weg.

Eine andere Szene: Auf der Bühne steht ein Glas. Ist es vergiftet? Ein Mann tritt auf. Er nähert sich dem Glas, streckt den Arm aus, langsam. Fast berührt er es, die Finger krümmen sich, die Hand nimmt schon die Form des Glases an. Noch eine knappe Handbreit. Jetzt hat er es. – Und wieder ist die Spannung weg.

„Der Weg ist das Ziel". Im Weg steckt der Spannungsbogen. Das Streben nach etwas ist interessant, nicht das Ankommen. In pädagogische Sprache übersetzt bedeutet das *prozessorientiertes Handeln* im Gegensatz zum *produktorientierten*. Ein Unterrichtsbeispiel:

*Jeder hat schon gehört, dass Körper sich mit Zunahme der Temperatur ausdehnen. Zum Beispiel diese Eisenstange.* (Der Lehrer hält einen 1,5 Meter langen Metallstab hoch.) *Verhält es sich aber wirklich so? Und wie würde ein Experiment aussehen, das diese Frage beantwortet?*

Die Schüler bekommen zehn Minuten Zeit, um in Gruppen eine Lösung zu finden. Danach wird ausprobiert. Der Lehrer geht auf alle Vorschläge der Gruppe ein, egal wie seltsam sie sich im ersten Moment anhören mögen.

Sobald die Lösung gefunden ist, reißt die Spannung ab. Es ist wie mit dem Glas: Sobald Sie das Ziel erreicht haben, ist der Reiz auch weg. *Prozesse sind interessant und lassen sich auch viel besser einprägen als Produkte.* Stellen Sie sich den schlimmsten Fall vor: Der Lehrer schreibt zuerst an die Tafel, wie der Körper sich ausdehnen wird, erklärt dann das Experiment und führt es schließlich vor den bereits eingeschlafenen Schülern durch. Der Zauber hält eben nur so lange an, bis die Lösung gefunden und der Genie-streich vollbracht ist – wie es im traditionellen Handlungsaufbau eines Dra-mas (1.9) heißt. Ein zu stark *produktorientierter Unterricht* wirkt wie das Lernen von Vokabeln: Es werden Fakten auswendig gelernt. In *Prozessen* werden Strukturen gelernt. Ersteres ist natürlich viel leichter abzuprüfen und bekommt daher oft den Vorzug – leider.

## 2.6 Licht

Das Gegenteil von Schall ist das Ausbleiben von Schall: Stille. Das Gegen-teil von Licht ist das Ausbleiben von Licht: Dunkelheit.

Aus der Stille heraus baut man Klangfiguren auf. Genauso lässt sich Licht aus der Dunkelheit heraus aufbauen. Meist ist Licht so allgegenwärtig, dass es nicht mehr bewusst wahrgenommen wird: Durch die Fenster dringt es ins Klassenzimmer, und an der Decke sind zig Leuchtstoffröhren so ange-bracht, dass der gesamte Raum möglichst gleichmäßig ausgeleuchtet ist. Das ist vom theatralen Standpunkt aus einfach nur langweilig. Ob das gut ist? Es scheint zumindest, dass das Einzige, was bei der Raumausleuchtung zählt, die Sicherstellung von genügend Licht ist. Ich kenne keine Wohnung, die so eingerichtet ist. Fabrikhallen ja, aber Lebensräume? In der Regel gibt es im Klassenzimmer noch eine extra Tafelbeleuchtung. Und Sie haben meistens auch noch einen dicken Vorhang vor den Fenstern hängen. Damit können Sie teilweise verdunkeln. Aber am meisten Spiel haben Sie mit einem

### Scheinwerfer

250 Watt haben die meisten in der Schule. Und in der Regel steht in jedem Klassenzimmer einer: der Tageslichtprojektor. Hier stellt ein Schüler im Rampenlicht ein Flugmodell vor. Für die Aufnahme wurden zwei Projekto-ren verwendet (siehe nachstehende Abbildung).

Im Abschnitt 2.1 (*Die Bühne: Beispiel für eine ungewöhnliche Sitzordnung*) wurde bereits ein möglicher Einsatz gezeigt: Der Schüler hält seinen Vortrag im Rampenlicht. Für den Präsentierenden kann das durchaus ein Vorteil sein, da er geblendet ist und die Zuschauer nicht mehr richtig sieht. Trotz-dem sollte ein solcher Bühnenauftritt freiwillig sein. Es kann sehr tief

greifen, wenn ein Schüler mit Gewalt – sei es durch die Aufforderung des Lehrers oder durch einen Gruppenzwang durch die Schüler selbst – auf die Bühne geholt wird.

## Stimmungswechsel

geschehen im Theater mit Licht. Wenn Sie die Möglichkeit haben, innerhalb eines Schultages die Beleuchtung etwas zu verändern, so tun Sie das! Nichts ist öder als stundenlanges Leuchtstoffröhrenlicht. Beachten Sie die veränderte Wirkung des Tageslichtprojektors, wenn sonst kein Licht im Raum ist. Bei dieser Präsentation ist nur der Overheadprojektor an – damit entsteht automatisch ein Fokus (siehe folgende Abbildung).

Licht hat eine Signalwirkung: Es geht los! Schalten Sie daher den Projektor erst ein, wenn es so still ist, dass jeder im Raum das Geräusch des Schalters hört. Es wirkt viel stärker, wenn Sie zuvor Stille eingefordert haben. Kurz: Stille – Licht – Auftritt.

Eine andere Möglichkeit ist Kerzenlicht: Schlagartig verändert sich die Stimmung im Raum. Aber außer an Weihnachten oder im Optikunterricht wird diese Beleuchtung selten genutzt. Dabei bündelt eine Kerze die Aufmerksamkeit. Und ich bin mir sicher, dass etwa Oberstufenschüler einen Unterricht an einem frühen, dunklen Wintermorgen im Kerzenschein nicht vergessen werden. Und wenn sie dabei noch Schiller lesen, noch weniger.

OH Präsentation – Wirkung von Licht

## Raumcodierung mit Licht – Lichtfelder

Vielleicht haben Sie zwei Lichtschalter im Klassenzimmer: einen für die
rechte, den anderen für die linke Hälfte. Dann können Sie eine Frage stellen, die klar mit „ja" oder „nein" zu beantworten ist. „Ja" steht für die linke
Raumseite, entsprechend „nein" für die rechte. Die Schüler haben einige
Sekunden Zeit, sich links oder rechts im Raum aufzustellen. *„Ob ihr Recht
habt oder nicht, zeigt euch gleich das Licht!"* Und dann bringen Sie Licht in
die Sache.

Die Methode wurde bereits in 2.3 beschrieben. Hier kommt lediglich der
spielerische Effekt mit den Lichtfeldern hinzu. Es ist eine Abfragetechnik,
bei der *jeder* mit *jeder* Frage gefordert ist. Jüngere Schüler haben viel Spaß
dabei, aber auch ältere. Letztere sollte man allerdings zuerst fragen, ob sie
auf diese Weise abgefragt werden möchten. Der Mensch macht vieles gern,
wenn er frei wählen darf.

## Konditionierung mit Licht

Sie brauchen irgendetwas, um zwischen zwei Arbeitsformen zu wechseln,
beispielsweise beim Übergang von Gruppenarbeit zum lehrerzentrierten
Unterricht. Entweder rufen Sie laut in die Klasse, oder Sie gehen einzeln

herum und sagen es Gruppe für Gruppe, oder Sie schlagen einen Gong oder aber Sie nutzen Licht: Sie schalten die Beleuchtung aus und dann wieder an. Oder Sie drehen den Tageslichtprojektor um und bestrahlen Ihre Schüler, die größten Unruheherde zuerst. Damit erreichen Sie Aufmerksamkeit ohne ein Wort.

## 2.7 Outdoor – außerhalb des Klassenzimmers

### Unterricht im Freien

ist mehr als nur das Schulhaus zu verlassen. Im Freien gibt es keine Begrenzungen, keine Sitzordnung, keinen Overheadprojektor ... dafür gibt es viel Platz und Natur.

Einfach unter offenem Himmel denselben Stoff mit denselben Methoden zu unterrichten geht schon deswegen nicht, da das „Verlassen des Schulhauses" selbst schon eine Methode ist: Die Schüler haben keine Tische und keinen Sitzplatz mehr, sie werden von Wind und Sonne berührt, und sie müssen erst einmal nach draußen. Es gibt Bäume und Vögel – kurz: Auch wenn es mancher Lehrer nicht wahrnehmen will: draußen ist kein Klassenzimmer.

Die Möglichkeiten draußen sind weder besser noch schlechter, sie sind *anders*. Unterrichtskonzepte lassen sich nicht einfach auf die „Außenwelt" übertragen. Schade wäre es, die vielen Möglichkeiten nicht zu nutzen.

Noch eine letzte Sache: *Fast jede pädagogische Idee können Sie mit dem Argument „im Rahmen der Aufsichtspflicht" vom Tisch kehren.* Natürlich haben Sie bei den folgenden Methoden nicht alle Schüler zu jeder Zeit im Blick. Wie im Schullandheim. Oder am Wandertag.

### Lebensläufe und Stationslauf

Die Methode lehnt an die im Abschnitt 2.3 skizzierte Loci-Methode an. Sie können im Prinzip jedes Thema nehmen, am reizvollsten sind allerdings Themen, die aufeinander aufbauen. Zum Beispiel der Lebenslauf eines Dichters oder eine chemische Reaktion, die Sie Schritt für Schritt – Station für Station – erklären. Ebenso eine mathematische Herleitung oder die Struktur eines Deutschaufsatzes oder die Interpretation eines Gedichtes. Oder das, was Sie gerade unterrichten. Als Beispiel dient hier eine Einführung in die Zinsrechnung:

Es beginnt mit Station eins: Sarah hat 230 € und bekommt 100% dazu. Insgesamt hat sie 230 € $\times$ 2 = 460 € auf ihrem Konto.

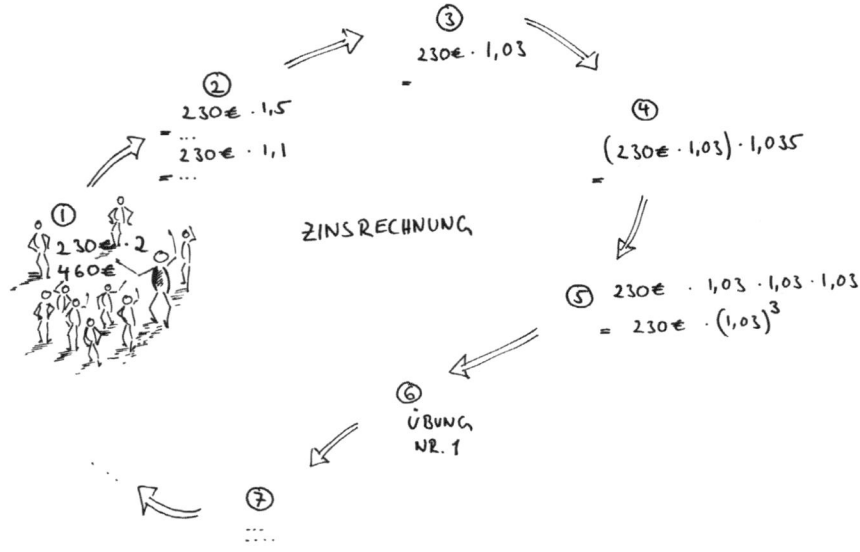

Stationslauf Zinsrechnung

In Station zwei bekommt Sarah nur noch 50% Zinsen. Damit verändert sich
die Rechnung zu 230 € · 1,5 = … Beachten Sie den fragmentartigen Aufschrieb. Es ist die Reduzierung auf das absolut Nötige zur Erklärung. Vergleichen Sie auch mit dem Abschnitt in 1.8 *Pausen und ihre Wirkungen*.
Läuft der Schüler anschließend den Weg nochmals allein ab, so vervollständigt er selbstständig.

Entsprechend geht es Schritt für Schritt weiter: Nummer drei behandelt den
Zuwachs um 3%, am vierten Punkt wird in die Zinseszinsrechnung eingeführt, usw.

Hier noch ein zweites, sprachliches Beispiel:

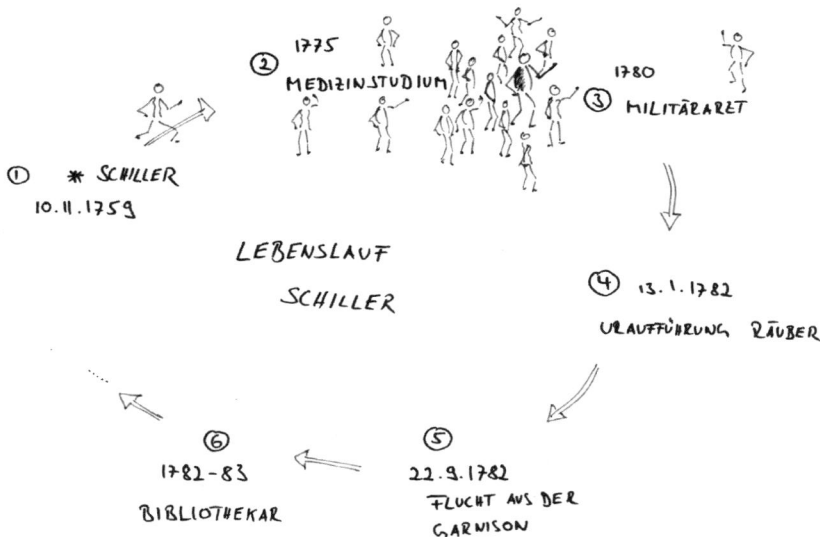

Stationslauf Schiller

Reine Übungen sind ebenso gut möglich. Schreiben Sie eine Übungsaufgabe an jede Station. Von Nummer zu Nummer dürfen die Aufgaben immer schwerer werden.

## Zum Ablauf

Nehmen Sie genügend Kreide mit auf den Weg. Der Untergrund ist rau und frisst die Kreide förmlich auf.

Der Unterricht gliedert sich in zwei Teile. Im ersten Teil (25 Minuten) gestalten Sie mit den Schülern den Rundgang. Es hat etwas von einer Museumsführung. Der Abstand zwischen zwei Stationen sollte so weit sein, dass später Kleingruppen innerhalb einer Nummer für sich stehen können. Die Situation, der Sie sich aussetzen, ist folgende: Sie *knien am Boden* und erklären, während die Schüler *über Ihnen stehen*. Dann sehen einige Ihre Schrift auf dem Kopf … Es funktioniert. Trotz des Kontrollverlustes. Allerdings müssen Sie während des Erklärens Stille einfordern. Wenn Sie nicht anfangen, so lange nur ein Schüler spricht oder flüstert, dann fahren Sie gut. Während des Gehens darf hingegen gern gesprochen werden. Sie können in Ihren Erklärungen auf einen *Schritt zurückgehen*.

Im zweiten Teil (15 Minuten) gehen die Schüler Schritt für Schritt den Lehrgang ab, in ihrem eigenen Tempo (man nennt das heutzutage auch *Binnendifferenzierung*). Damit nicht ein großer Pulk bei Station eins anfängt, können die Schüler auch *rückwärts* den Weg ablaufen. Das ist in der Regel etwas schwieriger. Als Hausaufgabe werden die Stationen aufgeschrieben, wer möchte, kann schon jetzt ins Klassenzimmer gehen und damit anfangen. Und natürlich kann der Rundweg auch *nach* dem Unterricht abgeschritten werden, damit wird die Hausaufgabe leichter.

## Der Gang als Lehrgang

Lehrgang im Gang

Mit ein paar Einschränkungen können Sie die vorherige Methode auch im Schulgebäude durchführen: Leider können Sie in diesem Fall nicht mit Kreide spontan Stationen anschreiben, sondern müssen die Stationen bereits vorbereitet haben. Auch Erklärungen dürfen andere Klassen nicht stören, insgesamt ist die Geschichte etwas lärmempfindlich. Aber dafür sind Sie nicht vom Wetter abhängig. Und das schweigende Abschreiten der Gänge hat durchaus etwas für sich. Es eignen sich beispielsweise längere Lesetexte gut. So können Sie Texte aus einem Buch kopieren. Je nachdem, in welcher Höhe Sie diese aufhängen, sitzen, stehen oder liegen die Schüler beim Lesen (*vielkanaliges Lernen*).

In diesem Beispiel wurden Atommodelle in Abfolge ihres geschichtlichen Hintergrunds studiert. Auch hier eignen sich Lebensläufe bestimmter Personen, geschichtliche Ereignisse, usw.

## Die Straße als Tafel

Pro Schülergruppe benötigen Sie mindestens zwei Kreiden. Das Verfahren wird wieder an einem konkreten Beispiel erklärt. Lesen Sie auch weiter, wenn es sich um Mathematik handelt?

In aller Kürze wird der Stoff vormittelt, und die Schüler sollen selbst Aufgaben erfinden, die sie Schritt für Schritt aufschreiben. Auf diese Weise entsteht ein Teppich, der von jedem Teilnehmer einzeln abgegangen wird. Bei jedem neuen Gedankengang fragen die Kollegen, *warum* dieser Schritt gemacht wurde. Hier hat der Prüfling drei Prüfer um sich. Nachdem alle Gruppenmitglieder mit ihren eigenen „Teppich" fertig sind, können fremde „Stoffe" erkundet werden.

Die Methode eignet sich bei allen kausal zusammenhängenden Themen und beinhaltet einen *Rollenwechsel.* Der Lehrer *doziert* hier nicht, sondern schafft lediglich Strukturen, die ein effektives Lernen ermöglichen. Die Schüler selbst *erklären sich gegenseitig* den Stoff und wechseln zwischen den Rollen des *Prüfers* und des *Prüflings.* Vergleiche auch Kapitel 4 *Rollenverhalten, Rollenspiele und Rollendurchbrechung.*

Straße als Tafel

## Ein Spaziergang, um Fragen zu finden

Vielleicht ist Wissenschaft eher die Kunst, die richtigen Fragen zu finden, als Antworten zu lernen. Die meisten Schulen produzieren Antworten. Antworten auf Fragen, die der Schüler in der Regel gar nicht frei gestellt hat, sondern bestenfalls durch Tricks dazu gebracht wurde, genau diese vom Lehrer oder Stoffplan gewünschte Frage zu stellen. So funktionieren auch Klassenarbeiten. Wissenschaft ist etwas anderes. Wissenschaft stellt Fragen. Eine Schule des Fragens, zumindest eine Kultur des Fragens wäre angebracht. Zum Schluss also noch eine einfache Übung, gewidmet all denen, die von einer *Schule des Fragens* und nicht einer Schule der Antworten träumen:

Eine neunte Klasse. Die Schüler wollten nach draußen. Ihrem Wunsch entgegenkommend, wurden sie mit folgendem Arbeitsauftrag hinausgeschickt: „Schaut euch die Natur an und kommt in genau 20 Minuten mit einer Frage zurück. Überlegt euch, wie ihr die Frage beantworten könnt, welche Versuche oder welches Vorgehen hierbei nützlich sind." Als grobes Thema wurde „Wärme" vorgegeben, jedoch mussten sich die Schüler nicht zwingend daran halten.

Die Fragen sind unseren Bildungs- und Lehrplänen nicht unähnlich:

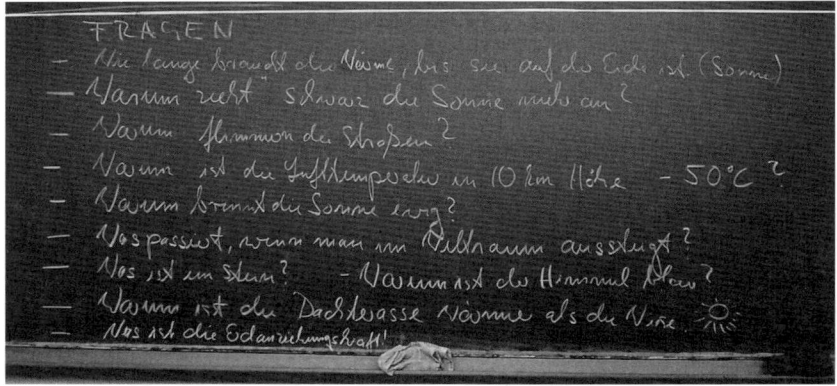

Fragen

Es muss auch nicht jede Frage beantwortet sein. Richard P. Feynman, ein bedeutender Physiker, wurde einmal gefragt, wer denn einen Wissenschaftler aus ihm gemacht hätte. Er antwortete: *My father did it to me.* Er konnte „eine Tür" offen stehen lassen. Es geht um das Aushalten, *keine Antwort* parat zu haben. Genau das ist auch zu lehren. Genauso funktioniert Wissenschaft.

Zurück zum Unterricht draußen: Allein die Erfahrung wirkt bei Schülern positiv und stellt eine Abwechslung dar. Befragt man Schüler, an was sie sich nach einem Jahr noch erinnern, so hört man oft von einem solchen Erlebnis.

# Kapitel 3  Der Lehrer als Schauspieler

„Mehr als 50 Prozent der Aufgaben eines Lehrers sind die eines Schauspielers!" Der Aufschrei eines Lehrers in einer Diskussion über das immer wieder viel diskutierte Thema Unterricht.

Was ist die Aufgabe eines Lehrers? Er soll etwas vermitteln, etwas lehren. Um dies zu bewerkstelligen, benötigt er fachliches Wissen. Dieses fachliche Wissen wird in unserem Kulturkreis sehr hoch angesehen und angerechnet, was sehr eindrucksvoll bei Gymnasiallehrern zum Ausdruck kommt: Die Schüler werden von einem Wissenschaftler unterrichtet, dem Pädagogik und Lernpsychologie in homöopathischer Dosis verabreicht wurde. Die Entwicklung der Lehrerpersönlichkeit bleibt – in der momentanen Ausbildungssituation – meines Erachtens auf der Strecke.

Ein Lehrer benötigt eine Vielzahl an Techniken und Reaktionsmöglichkeiten, um seiner Aufgabe des Unterrichtens gerecht zu werden. Wissenschaft ist dabei nur *ein* Teil, vielleicht sogar der kleinere. Provokativ formuliert: Ein Lehrer muss lediglich die Dinge seines Faches unterrichten können, er muss sie nicht selbst beherrschen.

## 3.1  Schüler sehen alles

Alles hat (s)eine Wirkung. Das ist trivial und es schreibt sich sehr einfach dahin. Trotzdem sind sich nur wenige der Tragweite dieser Aussage bewusst. Ein Beispiel: Mr. X verbringt täglich eine halbe Stunde vor dem Spiegel, bevor er das Haus verlässt.

Vor dem Spiegel

Danach befragt er seine Frau, ob er so gehen könnte ... schließlich ist er Lehrer und dieser gilt als Vorbild, also muss das Hemd gebügelt sein, die Hose ordentlich etc. Er verbringt viel Zeit mit der Aufrechterhaltung eines Selbstbildes, welches bei der ersten Videoaufzeichnung heillos in sich zusammenbrechen würde.

Natürlich hat unser Mr. X Recht: In unserer Welt geht es sehr wohl um das Aussehen. Was ist aber mit seiner Gangart, was mit seiner Redekunst und -gewandtheit? Ist er sich seines Geruchs, seiner Körpersprache bewusst, hat er einen „Tic", von dem er selbst nichts weiß? Wie betritt er das Klassenzimmer, wie lange wartet er mit seinem ersten Satz, wie viele Pausen macht er und wie lang sind diese? Wie ist seine Schrift, wie sein Blick und sein Habitus? Hat er eine freundliche Stimme und/oder verschluckt er die Wortendungen? Wirkt er aufgeregt oder verschlafen oder interessiert?

Es ist eine Tatsache, dass die Kleiderauswahl und die ordentliche Rasur nur wenige Bruchteile seiner Gesamtwirkung ausmachen. Dass zudem seine Kleiderauswahl und Rasur auch nicht so wirkt, wie Mr. X selbst denkt, ist eine weitere Tatsache.

Auf der anderen Seite sind Schüler hervorragende Beobachter. Ein Beispiel: *Im Schullandheim stellten meine Schüler mich als Lehrer dar. Zuerst pantomimisch, dann auch mit Sprache. Es ist unglaublich, wie gut Schüler auch kleine Details beobachten können. Die Betrachtung schülergespielter Lehrerdarstellungen ist sehr aufschlussreich. So war mir nach dieser Theatervorstellung meiner Schüler klar, dass der Lehrer nichts, aber auch gar nichts vor seinen Schülern verstecken kann.* Jede Eigenheit des Lehrers sieht und weiß der Schüler.

Es sei vor einer *unvorbereiteten* Videoaufzeichnung gewarnt, da jeder Mensch ein Selbstbild mit sich herumträgt. Die Konfrontation mit der eigenen (scheinbar objektiven) Stimme und Körperansicht ist für viele nicht einfach. Andererseits ist eine solche Aufzeichnung ungeheuer lehrreich, um die Selbstwahrnehmung zu schulen und zu erweitern. Eine mildere Form ist das Feedback mit einem Vertrauten. Referendare können hier eine wichtige Funktion einnehmen, wenn das nötige Vertrauensverhältnis besteht.

## 3.2 Der gute Lehrer

Hier mein Geheimnis: Der Lehrer des neuen Jahrtausends, ausgebildet von und mit Oberschulämtern, Fachleitern und Direktoren. Er besitzt alle bekannten positiven Charaktereigenschaften (auch wenn diese sich teilweise widersprechen) und stellt ein Produkt aus Ausbildung und Pseudobeförderungen, belegt durch Akten und Urkunden und Staatsexamen, dar. Und so sieht er aus:

LEHRER

Halten wir kurz inne, was das heißt: Staatsexamen. Staat – Sex – Amen.
Soweit die Möglichkeit, sich der Sache humorvoll zu nähern. Meine eigene
Ausbildung hatte ich als nicht so lustig empfunden. Damals zeichnete ich
folgendes Bild:

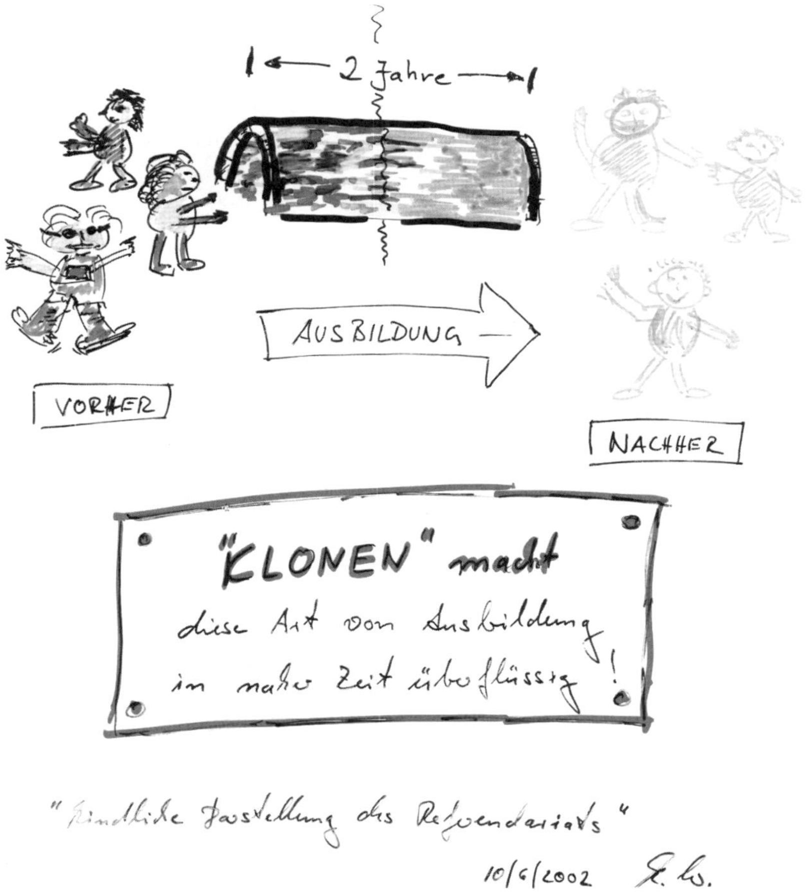

2 Jahre

AUSBILDUNG →

VORHER

NACHHER

"KLONEN" macht
diese Art von Ausbildung
in naher Zeit überflüssig!

"Bindliche Darstellung des Referendariats"
10/6/2002   E. G.

Referendare berichten mir immer wieder ähnliche Empfindungen und Gedanken.

Es leuchtet unmittelbar ein, dass jede Ausbildung bei der Person beginnt. Es ist nur natürlich, zuerst danach zu fragen *wer (oder was)* frau oder man(n) ist, bevor man fragt, *was* sie oder er macht. Einfacher formuliert: Ich kann erst ausbilden, wenn ich weiß, wen ich auszubilden habe. In der Lehrerausbildung wirkt das besonders widersinnig: Der Auszubildende soll den Schüler in seiner Lebenswelt wahrnehmen und wird dabei oft selbst als Ausbildungsobjekt verdinglicht. Statt einzelne Fähigkeiten oder Techniken dem zukünftigen Lehrer beizubringen, ist vorab zu klären, wer dieser Lehrer überhaupt ist und was er kann. Wie kann es sinnvoll sein, *Lernzirkel* oder *offenen Unterricht* als etwas Eigenständiges zu verherrlichen, ohne dabei die Lehrerpersönlichkeit zu betrachten bzw. zu entwickeln? Der derzeit etwas in Verruf geratene *lehrerzentrierte Unterricht* kann genau das Richtige für den Unterrichtenden sein. Hat der Lehrer seine Palette an Möglichkeiten gefunden, so kann er daraus auswählen und sich damit der gegebenen Situation zuwenden. Passend ist also das Bild eines Puzzles an Möglichkeiten, aus der der Lehrer für sich die passenden Techniken und Unterrichtsformen auswählt.

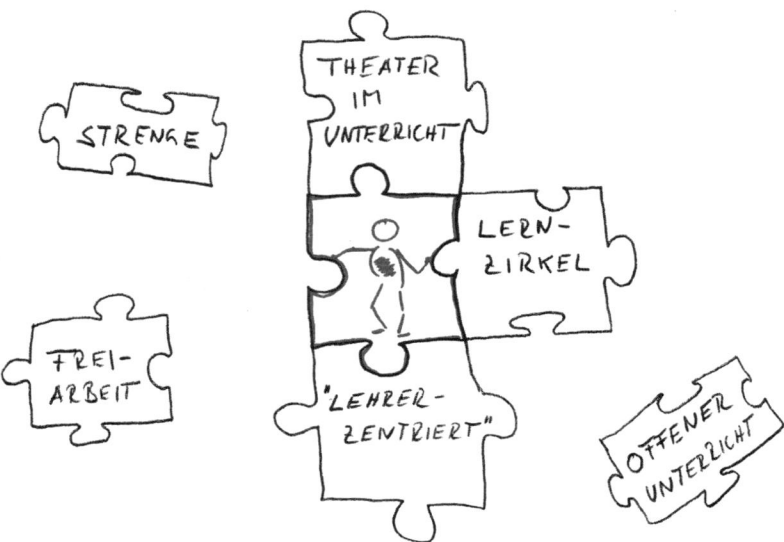

Lehrerpuzzle

Der Schwerpunkt liegt bei der Suche nach der passenden „Schnittstelle" zwischen Methode und Lehrer. Bevor man mit dem Puzzle beginnen kann und sich damit eine Palette an Handlungsstrategien und Techniken zurechtlegen kann, lautet die Frage: Wer bin ich eigentlich?

## 3.3 Multiple Lehrerpersönlichkeiten?

Sind Sie ein Antreiber oder ein verständnisvoller Lehrer? Schweifen Sie im Unterricht ab oder sind Sie ein Stoffvermittler? Gehören Sie der Fraktion der Lobenden oder der Strafenden an?

Wer oder was wir genau sind, ist eine sehr schwierige und tief greifende Frage. Und auch wenn Sie am Ende dieses Kapitels angekommen sind, werden Sie keine Antwort gefunden haben. Auf jeden Fall ist ein Lehrer nicht einfach der Strafende oder der Stoff Vermittelnde. Irgendwie spüren wir, dass sowohl das eine wie auch das andere stimmt bzw. nicht stimmt. Auf die Frage „Wer bin ich?" wäre als Antwort eher dieses Bild zutreffend:

Lehrer multiple Persönlichkeit

In der Mitte stehe „ich" und werde von verschiedenen „Typen", die ich in mir trage, in meiner Handlungsweise beeinflusst. So bin ich einerseits verständnisvoll und denke andererseits: „Jetzt sollte endlich etwas geschafft werden!" Vermutlich lobe und strafe ich auch. In mir steckt also der

Schimpfende genauso wie der Korrekte oder auch der Humorvolle. Entscheidet man sich für nur einen Typus, so degradiert man sich auf eine (eindimensionale) Lehrerpersönlichkeit. Was noch schlimmer ist: man verleugnet die anderen Anteile in sich selbst.

Friedemann Schulz von Thun spricht von dem Modell des „innerem Teams", welches aus mehreren Figuren besteht. Welche Figur die Oberhand gewinnt und so nach außen dringt, hängt von der jeweiligen Situation und der eigenen Vorerfahrung ab. Wichtig ist die Einsicht, dass alle diese Figuren „echt" sind (vgl. Schulz von Thun 2005, Miteinander Reden: 3, S. 21 ff.).

Der Schauspieler hat die Möglichkeit, aus den einzelnen Typen Figuren zu bauen. Mit Hilfe dieser Figuren kann der Lehrer verschiedene Rollen einnehmen, unter ihnen wechseln und so auf Situationen unterschiedlich reagieren. Macht man sich das bewusst, wird der Handlungsspielraum für die eigene Person beträchtlich erweitert. Die Folge für den Unterrichtsalltag ist enorm: Man kann plötzlich auswählen, wie man reagieren *möchte*, statt stereotyp auf eine Situation reagieren zu *müssen*. Man beachte, dass die einzelnen Figuren echt sind. Es wäre falsch, etwas darzustellen, das man nicht ist. Der Schüler wird sofort merken, dass mit ihm *gespielt* wurde. Hier geht es darum, die Dinge zu nutzen, die in einem stecken und die man vielleicht noch gar nicht kennt.

Oft wird das Theaterspiel falsch verstanden. Vielleicht denken Sie: *„Wenn ich hier das Schauspielern lerne – was ist dann noch echt?"* „Schauspielerei" ist allerdings genau das Gegenteil von Theater. Authentizität – darum geht es.

Eine der übelsten Kritiken für einen Schauspieler lautet: „Sie haben heute wirklich gut *gespielt*". So ist das theatrale Spiel stets echt. Ich kann nicht etwas spielen, was ich nicht selbst bin: Der Zuschauer – also hier der Schüler – wird es merken, mich entlarven und zu Recht verspotten. Aufgesetzt, platt und peinlich wirkt es, wenn der Schauspieler etwas vorgibt zu sein, was er nicht ist.

Sie können also nichts darstellen, was nicht als Thema in Ihnen lebt. Es ist möglich, Rollen zu spielen, die genau das Gegenteil Ihres Charakters ausmachen. Gegensätzliche Pole sind verwandt und nur in ihrer Ausprägung verschieden.

Aber hüten Sie sich davor, das „Spiel" nur als Spiel oder gar als etwas „Falsches" zu sehen, in diesem Sinne: Spiel nicht falsch, lieber Spieler.

## 3.4 Typisierung von Lehrerpersönlichkeiten, Handlungsdimensionen

Lehrer reagieren oft stereotyp mit stets demselben Verhaltensmuster, obwohl es viele Reaktionsmöglichkeiten auf die gleiche Situation gibt.

Ein Beispiel: Eine Klasse ist unruhig, und der Lehrer möchte für Ruhe sorgen. Seine Bitte um Ruhe verhallt ungehört im Schülergequassel. Er ist immer genervter, bis er schließlich schreit und mit Strafen droht. Es fallen unbestimmte Beschimpfungen wie auch recht allgemein gehaltene Drohungen: *„Euch mangelt es an jeglicher Arbeitshaltung!"* oder *„Ihr werdet schon noch sehen, wohin das führt ..."*.

Es geht hier nicht darum zu werten, was jetzt die beste Möglichkeit gewesen wäre, vielmehr soll das Spektrum der Handelsmöglichkeiten aufgezeigt werden. Zum Beispiel hätte der Lehrer

- sich auf einen Schülerplatz setzen, das Licht an- und ausmachen oder sogar den Overheadprojektor anschalten können, um damit die Unruheherde zu bestrahlen;
- zu singen anfangen können oder sich hinsetzen und alles Chaos in völliger Ruhe betrachten und analysieren können. Oder es einfach genießen;
- dreimal hintereinander die Tafel wischen können, mit dem Schwamm einen Indianer an die Tafel zeichnen und schweigend den Trockenvorgang abwarten können:
- die Zeitung aufschlagen und an die Tafel *„Heute Stillarbeit: Buch S. 234, 4–7, Rest HA"* schreiben können.

Diese Methoden sind keine theoretischen Möglichkeiten, sondern alle real erprobt. Und er hätte vielleicht auch noch anderes tun können. Aber eben nur, wenn er um seinen Handlungsspielraum *weiß*. Wie immer gibt es nicht *die* Methode, sondern nur für eine bestimmte Lehrerpersönlichkeit die *passende*. Damit stellt sich die Frage: Wie groß ist mein Handlungsspielraum und was kann ich tun? Die Suche nach den eigenen Grenzen ist eng verwoben mit der Suche nach der eigenen Lehrerpersönlichkeit.

Diese Suche ist alles andere als leicht, da erstens der Lehrer oft in ein vorgefertigtes Bild, eine Schublade gesteckt wird – *„das ist ein Lehrer"* – und zweitens, weil sein Selbstbild ihm im Wege steht. *„Ich kann das nicht!"* oder *„Das liegt mir nicht!"* ist ein häufig gehörtes Zitat, obwohl meist nicht einmal ein Versuch gestartet wird, dieses *etwas* überhaupt auszuprobieren.

Es ist banal: Um zu wissen, ob ich etwas kann oder nicht kann, muss ich es versuchen. Erstaunlich, wie wenig trotzdem versucht und experimentiert wird, obwohl man es rein intellektuell eingesehen hat.

Wenn man seinen Handlungsspielraum ausbauen möchte, muss man herausfinden, welche Lehrertypen in einem stecken. Hierbei gilt: Seien Sie stets ehrlich – sich selbst wie auch Ihren Schülern gegenüber. Wenn Sie vorgeben, etwas zu sein, was Sie nicht sind, wird es sofort bemerkt, die Wirkung verpufft und etwas Schales bleibt in der Luft hängen.

Im Allgemeinen wird man mehrere Typen in sich finden, die mitunter im Widerspruch zueinander stehen. In der nachfolgenden Typisierung wird versucht, eine Charaktereigenschaft zu isolieren und daraus eine Figur zu bauen. Es geht hier nicht um Wertung, sondern darum zu erkennen, welche Anteile in einem selbst stecken und welche nicht. *Jede* hat ihre Existenzberechtigung und kann Sinn wie auch Unsinn machen. Leider fällt es oft sehr schwer, die Wertung außen vor zu lassen.

Lehrertypen

Jeder Typus stellt eine Handlungs*dimension* dar. Kennen Sie nur eine Dimension, so können Sie sich nur entlang eines Weges (einer Achse) hangeln.

Dim Eindimensional

Kennen Sie zwei Dimensionen (zwei Typen), so steht Ihnen anschaulich eine ganze Fläche an gangbaren Möglichkeiten offen. Damit können Sie ein Problem *umgehen.*

Dim Zweidimensional

Mit drei Dimensionen könnten Sie ein Hindernis sogar überspringen.

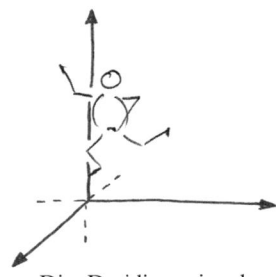

Dim Dreidimensional

Entsprechend geht es weiter. Natürlich besitzt der nun vorgestellte Raum mindestens 29 Dimensionen. Leider scheitert die Darstellung aus räumlichen Gründen:

## Der Abschweifende

*„Es gehört vielleicht nicht ganz hierher, aber im Zuge der allgemeinen Bildung möchte ich noch etwas anmerken …". „In dem Zusammenhang fällt mir eine kleine Geschichte ein …".*

## Der Antreiber

*„Was, du hast noch keine Sachen auf dem Tisch?! Jetzt aber! Zack, zack! Los geht's!"*

## Der aus der Johannes-Offenbarung

Motivation soll mit der Sicht auf eine schwarze Zukunft hergestellt werden. Wird dem Schüler erst klar, was alles passieren kann, dann wird er Vorsorge tragen. Mitunter gibt ein solcher Lehrer auch die schlechtere Note zur Motivation.

*„Ich sehe keinen Weg mehr. Keine Chance. Ihr werdet, so wie ihr euch anstellt, scheitern."*

### Der Das-ist-aber-interessant-Typ

*„Aha, so habe ich das noch gar nicht betrachtet. Interessant. Guter Gedanke! Da kann man drüber nachdenken!"*

### Der den Schüler Bloßstellende

*(Vor der ganzen Klasse) „Hm ... (Kopfschütteln des Lehrers), wieder nichts gelernt. Warum schreibst du nicht mit? Warum? Du findest wohl meinen Tafelanschrieb überflüssig und kannst dir alles merken? Schön, wenn du das kannst. (Blättert im Schülerheft) Ach, du machst das das ganze Jahr so?"*

### Der Disziplinierende

Sieht sich in seiner Verhaltensweise als Vorbild.

*„Ich bitte um Pünktlichkeit. Wer sein Arbeitsgerät nicht dabei hat, braucht erst gar nicht zu erscheinen. Wer in der Klassenarbeit über den Rand schreibt, bekommt Punktabzug."*

### Der (Ein-)Fordernde

Er ist ergebnisorientiert. Statt der ewigen Erklärungen soll jetzt geübt werden. Der Schüler braucht die Übung als Rückhalt, ohne die geht es nicht. Lernen ist Wiederholung. Üben, üben, üben! Am besten eignet sich ein separates Hausheft.

*„Jetzt ist genug geredet, jetzt wird geschafft! Jetzt los, Hefte auf den Tisch, ich will was sehen!"*

### Der Enttäuschte

*„Und dafür habe ich mich so angestrengt. Das kann's nicht sein. Wirklich nicht."*

### Der Formale

Früher stets in Anzug in Krawatte. Heutzutage etwas moderner gekleidet.

*„Unterstrichen wird mit Lineal, Skizzen bitte mit gespitztem Bleistift. Kugelschreiber gehören an den Stammtisch, nicht an den Arbeitsplatz. Hier wird mit Füller geschrieben!"*

### Der Freiraum Gebende

Er sieht das Wachstum des einzelnen Schülers. Wie geht er an Aufgaben heran, welche Lösungsmöglichkeiten versucht er? Wichtig ist ihm der Schöpfungsakt des Schülers, Zeit spielt hier keine Rolle. Er schafft die Atmosphäre für Inspiration und Kreativität.

*„Lasst euch Zeit – ich möchte, dass ihr über das Problem nachdenkt. Versucht euch in einer eigenen Lösung."*

## Der Genervte

*„Ach Leut'. Ich will so nicht weitermachen. Was soll denn das? Jedes Mal, aber wirklich jedes Mal muss ich erst etwas sagen … Könnt ihr nicht von selbst einmal etwas arbeiten?"*

## Der Helfende

Er ist stets bereit, alles für seine Schüler oder auch nur einen einzigen zu tun.

## Der Immer-eine-Lebensweisheit-die-schon-jeder-kennt-Typ

*„Ich sage immer: Wo nichts reingeht, da kommt auch nichts raus!"*

## Der Ist-mir-doch-egal-Typ

*„Es ist nicht meine Prüfung. Ihr wollt in die Schule gehen, wenn ihr nicht wollt, dann eben nicht. Ich verdiene mein Geld auch so …".*

## Der Kameradschaftliche

*„Zusammen schaffen wir das, komm, setz dich noch mal hin. Mir ging's auch so, als ich es zum ersten Mal gelesen habe."*

## Der Liebende

Er hat ein gutes Herz und tut alles für seine Schüler. Zeit hat er viel, auch für Treffen außerhalb der Schule. Ihm geht es nicht in erster Linie um die Stoffvermittlung, sondern darum, dass es seinen Schülern gut geht.

## Der Lobende

In allem, was Schüler machen, sieht er das Beste. Für ihn ist nichts eine Selbstverständlichkeit. Es reicht schon, dass die Schüler ihre Namen schreiben können, und er bemerkt:

*„Ich finde es toll, dass keiner den Namen auf dem Blatt vergessen hat."*

## Der Mitleidende

Er weint (fast) selbst mit, wenn er eine schlechte Note vergibt.

### Der Moralist

*„Wo soll das alles hinführen? Ihr habt hier die beste Möglichkeit einer Aus-bildung, aber ihr tut nichts. Perlen vor die Säue!"*

### Der Motivierende

*„Ihr könnt das! Ich weiß, dass ihr das könnt!"*

### Der Nicht-Aufgebende

Egal, was die Schüler ausgefressen haben, er versteht. Und er glaubt, dass alles wieder gut wird. Auch wenn seit Jahr und Tag einer seiner Schüler nur Fünfen und Sechsen schreibt: Irgendwann wird auch dieser Schüler aufwachen.

*„Es ist nur eine Frage der Zeit, manche brauchen eben mehr, andere etwas weniger. Ich bin mir sicher, dass sie das schafft!"*

### Der Rechthaberische

Dieser Typus hat es schwer, eine glatte Eins zu vergeben.

*„So kann man das nicht uneingeschränkt sehen. Da ist noch das zu beachten ... Hier, das hast du noch vergessen ..."*.

### Der Schuld Zuweisende

*„Wenn ihr nicht mitmacht, dann müsst ihr auch die Konsequenzen tragen. An mir liegt es nicht. Ihr habt nichts, aber auch gar nichts gelernt!"*

### Der Stoffvermittler

Er kennt nur fünf seiner Schüler mit Namen, mitunter kann ein Schüler wochenlang krank sein – er bekommt es nicht mit. Dass sein Fach wichtig, ja sogar sehr wichtig ist, steht außer Frage.

*„Schule ist da, um etwas zu lernen, für was denn sonst?"*
*„Alles ist Physik (Fach beliebig austauschbar), alles!"*

### Der Strafende

Der Gesetzeshüter in Person.

*„Wer abschreibt, gibt ab! Ich ermahne einmal, danach informiere ich die Eltern."*

**Der Strenge**

Er gibt sehr klare Regeln aus, deren Einhaltung er strikt erwartet und einfordert. Strafen muss er nicht, es reicht schon seine Anwesenheit, um für Ruhe zu sorgen.

**Der Vergleichende**

erinnert sich an den Klaus-Peter in Klasse soundso anno dazumal:

*„Deine Schwester war übrigens viel besser. Die hat die Aufgaben angeschaut und zack, waren die auch gelöst."*
*„Nimm dir doch einmal ein Beispiel an Felix-Xaver. Der meldet sich doch auch erst, bevor er etwas sagt."*

**Der Wortkarge**

*„Ihr wisst, was zu tun ist. Noch Fragen?"*

**Der Zyniker**

*„Aha, und der Zwerg hat dann auch noch die sieben Wölfe gefressen – oder wie?"*
*„Du hast wohl die Weisheit mit Löffeln gefressen!"*

Es gibt ungefähr 65537 dieser Typen. Hier wurden 29 davon aufgeführt.

## 3.5 Multiple Lehrerpersönlichkeiten: Schizophrene Lehrer als Ausbildungsziel

Keine Angst: Sie werden nicht alle der vorgestellten Typen in sich haben. Aber Sie sind auch nicht eine Type. Vielmehr werden Sie in einer konkreten Situation mehrere Stimmen in sich wahrnehmen. Schulz von Thun spricht von *innerer Pluralität* und stellt ein Modell *vom inneren Team* dar.

Ein konkretes Beispiel: Ein Schüler in der Klasse sorgt dafür, dass nahezu keine Unterrichtsstunde störungsfrei abläuft. Dabei ist der Betreffende keineswegs ein übler Bursche, vielmehr ein unangepasster, pubertierender Denker. Es ist nicht schwer, sich in verschiedene Regungen hineinzuversetzen:

- Das Verhalten ist einfach bodenlos *unverschämt*. Wer in die Schule geht, muss sich auch an bestimmte Regeln halten.
- Der *Arme!* Eltern getrennt und was weiß ich noch alles.
- Jetzt bloß nicht in einen blinden Aktionismus verfallen. Wir alle waren doch mal jung, das Verhalten muss sich doch irgendwie begreifen lassen. *Ruhig, ganz ruhig.*

- *Hm* ... Keine Ahnung, was man da machen soll. Wir Lehrer sind für so etwas ja auch nicht ausgebildet.

- So jemand braucht einfach einen Schuss vor den Bug. *So!* Zeitweiliger Schulausschluss, und damit hat sich's.

Keine dieser Stimmen ist *falsch*. Man kann es sich bildlich so vorstellen:

Inneres Team

Der interessierte Leser, der tiefer in das Modell des inneren Teams einsteigen möchte, sei auf das hervorragende Buch von Schulz von Thun (Miteinander Reden 3, 2005) verwiesen. Hier soll genügen, dass ein Lehrer *viele* Stimmungen und Facetten in sich hat. Der Abschnitt will auch nicht zum bedingungslosen, unreflektierten Ausleben der einzelnen Typen oder Teammitglieder aufrufen. Aber diese Typen wahrzunehmen ist eine große Hilfe, wenn man seine möglichen Rollen als Lehrer sucht.

Ein interessanter Ansatz der Typisierung geht auf Riemann zurück und wurde von Gudjon und Winkel auf den Lehrer angewandt. Nach Riemann sind in jeder Person entgegengesetzte Grundtendenzen vorhanden: „Das Bedürfnis nach Nähe und das Bedürfnis nach Distanz, das Streben nach Dauer und Ordnung und sein Gegenpol, die Sehnsucht nach Freiheit und Spontaneität" [Deu]. Eine ähnliche Strukturierung von Teamtypen findet sich bei Wilfried Schley:

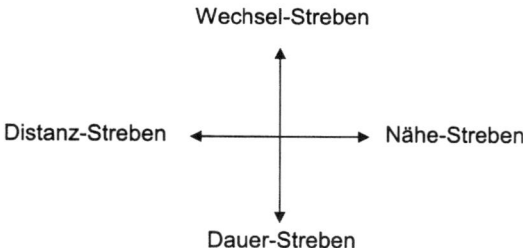

Deutschmann schreibt jeder dieser vier Grundtendenzen jeweils einen idealisierten Lehrertyp zu: Der *Ordnungslehrer* hat ein starkes Bedürfnis nach Ordnung, Übersicht und Sicherheit (Dauer-Streben), der *Freiheitslehrer* erlebt Regeln und Zwänge der Schule als Einschränkung (Wechsel-Streben), der *Anspruchslehrer* hat Angst vor zu viel Nähe und persönlichem Kontakt (Distanz-Streben), und dem *Kumpellehrer* bereitet Abgrenzung und Distanz zu seinen Schülern Angst (Nähe-Streben).

Deutschmann erklärt, dass „... jeder Lehrer (...) diese vier Grundtendenzen in individueller Form in sich trägt" und weiter, dass „... jeder beschriebene Typus unvollkommen ist, d. h. neben seinen Vorzügen auch Ängste und Schwächen hat."

## 3.6 Rollen des Lehrers

Vielleicht haben Sie in dem langen Ringen und Suchen nach Ihrer eigenen Lehrerrolle das Gefühl, am Ziel zu sein oder zumindest Teilziele erreicht zu haben.

*„Auf der Suche nach seiner Rolle als Lehrer ist er auf einem guten Weg."* So steht es in meiner ersten Beurteilung. Vermutlich wollte der Verfasser den Neuling in seiner Rollensuche bestärken. Wie selbstverständlich wird davon ausgegangen, dass der Lehrer *eine* Rolle finden soll. Das ist völlig falsch. Aufgabe ist die Suche nach *vielen* Rollen. Dieser Gedanke beinhaltet nichts Revolutionäres: Jeder Mensch hat nicht nur eine, sondern viele Rollen. Im Augenblick sind Sie *der Lesende*. Je nach Situation sind Sie aber auch *Lehrer, Unterweisender, Mutter bzw. Vater, Freund, Berater, Koch, Richter ...* Wir stehen Erwartungshaltungen gegenüber und müssen oder wollen diese mit einer bestimmten Rolle erfüllen.

Diesen Gedanken können wir genauso auf den Lehrerberuf beziehen. Auch hier steht man vielen Erwartungshaltungen gegenüber – sei es von Schüler, Eltern- oder Kollegenseite. Ob man will oder nicht, nimmt man eine Rolle ein bzw. wird mitunter auch in eine Rolle gedrängt.

- So möchte die Öffentlichkeit einen einfühlenden *Pädagogen* und *Wissensvermittler*, der seine Schüler fordert und fördert.

- Die Eltern möchten (mitunter im Einzelgespräch) ihre Sorgen besprechen, und so wird der Lehrer zum *Berater*.

- Die Schulleitung fordert die täglichen Tagebucheinträge. Hier wird der Lehrer zum *Bürokraten*.

- Weiter fordert das Schulsystem klare Versetzungskriterien: Der Lehrer achtet darauf, dass niemand abschreibt, erteilt Strafen und wird so zum *Vollstrecker*.

- Schüler möchten oder suchen ein *Vorbild* oder einen *Gegner*, jemanden, den sie (nicht nur in schulischen Angelegenheiten) fragen können, oder jemanden, an dem sie sich reiben können.

- Das Volk sieht entweder den *Nichtstuer*, der schon um Mittag Feierabend macht und ständig in den Ferien ist, oder einen *Bemitleidenswerten*: „Armer Lehrer, das könnte ich nie!" Komischerweise hört man immer nur diese extremen Positionen, nie etwas dazwischen.

Hier sollen keine (neuen) Rollen geschaffen werden. Der Ansatz hier ist lediglich, dass man diese Rollen *bewusst* einnehmen kann. Erst dann ist es möglich, bewusst in der Rolle zu agieren.

## 3.7 Umgang mit Rollen

Wie passt es zusammen, dass ich zuerst meine Schüler unterrichten soll, ihnen jede Hilfe zukommen lasse, um sie dann im Anschluss daran zu prüfen und zu testen?[1] Erst soll ich *Partner* und *Helfer* sein, und später schaffe ich eine Situation, in der ich der *Aufpasser, Prüfer* und *Vollstrecker* bin? Erst die helfende und schützende Hand, dann der rote Korrekturstift? Hat das nicht eine gewisse Ähnlichkeit damit, dass der Bergführer seiner Gruppe Helme aufsetzt und sie hinterher selbst mit Steinen bewirft? Wird hier nicht strukturell ein Misstrauen seitens der Schüler vorbereitet?

### Bewusster Umgang mit Rollen

Man kann fast nichts gegen diese Rollen tun. Allerdings besteht die Möglichkeit, diese für sich zu nutzen. In dem Moment, in dem ich meine Rolle selbst „definiert" habe, herrscht Klarheit. Betrachten wir die Rollenverteilung in unserem Beispiel: Es gibt den *Partner* und *Berater* auf der einen Seite und auf der anderen den *Prüfer* und *Vollstrecker*.

---

[1] Es soll hier nicht der Vorteil oder Nachteil von Fremdprüfungen erörtert werden. Für beide Positionen gibt es Argumente. Tatsache ist, dass der Lehrer sich in dieser Situation *befindet*.

Eine Lösungsmöglichkeit dieses Dilemmas: Stellen wir uns vor, unser Lehrer mag die Rolle des Prüfers und Bewerters (Vollstreckers) gar nicht. Das Korsett und den Glauben an die Notengebung findet er prinzipiell in den meisten Klassen und Situationen schlimm. Allerdings ist er Lehrer an einer staatlichen Schule, und so gibt es keine Möglichkeit, um die Notengeberrolle herumzukommen. Diesen Konflikt kann er auflösen, indem er nacheinander die Rollen einnimmt und *seinen Schülern sein Vorgehen transparent macht.*

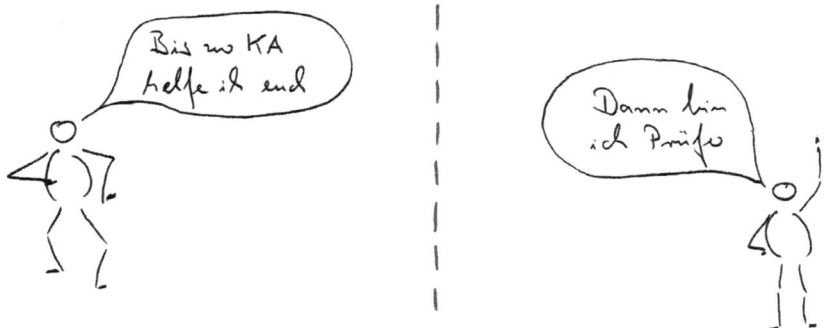

Da eine Rolle „gespielt" wird, ist es leichter, (selbst)kritisch die eigene Rolle zu beleuchten. In unserem Beispiel geschieht das offen vor den Schülern: *„Ihr wisst, was ich von Benotungen und Bewertungen halte. Ich unterrichte sehr gerne und betrachte Lernen an sich für etwas sehr Wertvolles. Darum bin ich Lehrer geworden. Die Beurteilungen und Bewertungen die ihr beispielsweise von mir nach einer Klassenarbeit erhaltet, sind höchst fragwürdig. Sie kommt durch ein Testverfahren zustande: Ihr habt eine Schulstunde Zeit, um etwas aufzuschreiben. Bewertet wird nur, ob ihr in diesem Test gut seid oder nicht. Es wäre schön, wenn die Note euer wirkliches Verständnis widerspiegelt. Ob das zutrifft oder nicht, müsst und sollt ihr jedes Mal aufs Neue selbst entscheiden.*

*Da ich Noten geben muss, wechsle ich also vor der Klassenarbeit meine Rolle: ich bin dann Prüfer und erteile Noten. Ich ziehe also ein Testverfahren durch, finde das Verfahren selbst bedenklich. Da ich mich in dieser Rolle nicht wohl fühle, versuche ich so fair und genau wie möglich zu sein. Es ist an euch, die Prüfungsinhalte und Prüfungsergebnisse in Frage zu stellen."*

Im letzten Beispiel wurde durch die bewusste Definition von Rollen ein Widerspruch transparent gemacht. Die absichtliche Einnahme bestimmter Rollen findet im Unterricht selbst eine weitere Anwendung, wie im folgenden Abschnitt gezeigt wird.

## Wechsel der Rollen innerhalb des Unterrichts

Interesse ist immer da, wo etwas passiert. Steht immer derselbe Lehrer(ty-pus) vor mir, schlafe ich ein: Ich kenne seine Schrittabfolge, seine (mono-tone) Stimme, seine Forderungen etc. Wechselt hingegen der Lehrer seine Rolle, bleibe ich wach. Innerhalb einer Stunde kann die Lehrerrolle mehr-mals wechseln – das ist erfrischend und belebend. (Wieder sei daran erin-nert, dass all diese Rollen „echt" sind, der Lehrer schauspielert nicht, diese Rollen sind in ihm!)

So kann der *Prediger* mit einem Monolog beginnen, in der nächsten Rolle *verzaubert* der Lehrer seine Schüler, um anschließend zu fordern: „*Jetzt aber los, Zeit ist Geld, jetzt wird geschafft!*" Schließlich wird er innerhalb der Übungsphase zum *Partner* und *Helfer*.

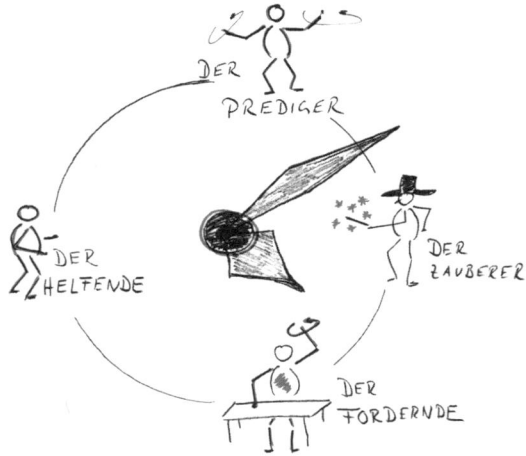

Eine Schulstunde

Beobachtet man Unterricht nach theatralen Gesichtspunkten, findet man diese Rollen alle beim „normalen Lehrer", meistens innerhalb einer Stunde. Der Unterschied liegt in der bewussten Wahrnehmung der eigenen Rolle: Der Zauberer wirkt dadurch stärker, dass er *in die Rolle des Zaube-rers* geht. Man darf sich das nicht so vorstellen, dass der Lehrer zu seinen Schülern sagt: „So, und nun bin ich euer Zauberer und zaubere etwas vor!" Eine Rolle wirkt dann, wenn der Zuschauer diese erkennt, *ohne* dass es ihm zuvor erklärt wurde. Alles andere ist platt und dient als Kriterium, um *gutes* und *schlechtes Theater* voneinander zu unterscheiden. Je genauer der Leh-rer in seiner Rolle ist, desto stärker ist die Wirkung. Vielleicht reduziert er sein Redetempo, spricht mit etwas leiserer Stimme, und seine Bewegungen werden runder und langsamer.

## 3.8 Nonverbales

Stille.

Nicht sprechen, kein einziges Wort.

Und dann unterrichten.

Und siehe da, es ging. Eine ausklingende Erkältung brachte es mit sich, dass das Sprechen schmerzte. Sonst war ich fit, nur eben die Sprache hatte es mir verschlagen. Und der Vormittag bestand aus sechs Stunden. Tafelanschrieb: *Heute findet der Unterricht leider tonlos statt.* Damit begann jede Stunde.

Ein Experiment, das jeder durchführen kann. Das Ergebnis: Schüler diskutieren mehr als üblich *über* den Unterrichtsstoff, insgesamt ist der Unterricht disziplinierter und ruhiger, und die Schüler lernen *mehr* als sonst.

Falls Sie sich wirklich einen Schal umlegen wollen, um sich davon überzeugen zu lassen, dass es möglich ist, einen Tag schweigend zu unterrichten, geben Sie wirklich keinen Ton von sich: Reden oder nicht reden! Ein bisschen reden geht nicht. Es geht nicht nur darum, *wie Unterricht funktioniert* und welche Möglichkeiten sich auftun, wenn man auf das gesprochene Wort verzichtet. Sie sind wirklich in der Rolle des Stummen. So sprach jemand in meinem Beisein über mich, *„dass es wohl von Vorteil ist, wenn man nicht spricht."* Und ich dachte: „So ein Depp! Soll er es doch selbst mal versuchen!" Aber ich *konnte* nicht antworten. Die Erfahrung, dass man nicht rufen kann oder sich etwa verteidigen oder korrigieren, ist mindestens ebenso beeindruckend.

Ein weiteres Beispiel zu nonverbalen Anteilen in der Kommunikation: Fernsehen kann ungeheuer lehrreich sein. Drehen Sie doch einmal in einer politischen Diskussion den Ton ab. Schauen Sie zu, wie sich selbst politische Größen nonverbal ausdrücken. Es passiert fast immer wenig. Aber manchmal gibt es ein *Mit-der-Faust-auf-den-Tisch-Schlagen*, eine ausdrucksstarke Geste, irgendwie leicht gestört, zumindest ohne Ton. Viel mehr gibt es nicht im Repertoire.

Schauspiel ist eine Kunst. Es ist nicht möglich, in einem Kapitel eine Schauspielausbildung zu ersetzen. Es ist nur möglich, das inne liegende Potenzial an einigen Beispielen aufzuzeigen. Wer Interesse an einer theaterpädagogischen (Grund-)Ausbildung hat, sei auf folgende Adressen verwiesen.

**Baden-Württemberg**
LAG Theaterpädagogik BW e.V.
Vorsitzender: Otto Seitz, Kaiserstraße 24, 72764 Reutlingen
Tel.: 07121/478819, Fax: -334300, e-mail: o.seitz@t-online.de
Geschäftsstelle:Theaterwerkstatt
Wörthstraße 14, 72764 Reutlingen
Tel.: 07121/21-1116, Fax: -477, e-mail: info@lag-theater-paedagogik.de,
Internet: www.lag-theater-paedagogik.de

**Bayern**
Landesarbeitsgemeinschaft Darstellendes Spiel,
Theater und Film an den Schulen in Bayern e.V.
Vorsitzender: Günter Frenzel
Tannenstraße 9, 85764 Oberschleißheim
Tel.: 089/3152425, e-mail: guenter.frenzel@bvds.org

**Berlin**
Landesarbeitsgemeinschaft Darstellendes Spiel in der Berliner Schule e.V.
(LDS-Berlin)
Vorsitzender: Harro Pischon
Walter-Linse-Straße 12a, 12203 Berlin
Tel.: 030/8440-9526 Fax: -9527, e-mail: info@Lds-berlin.de

**Brandenburg**
Brandenburgische Landesarbeitsgemeinschaft für Darstellendes Spiel in der
Schule e.V.
Vorsitzende: Astrid Lehmann,
Schulweg 4, 14542 Wildpark-West
Tel.: 03327/568107 oder 0173/2119095, e-mail: Lehmann-Wildpark@t-online.de

**Bremen**
Landesarbeitsgemeinschaft für das Darstellende Spiel in der Schule Bremen e.V.
Vorsitzender: Holger Möller
Neustadtscontrescarpe 60, 28199 Bremen
Tel. + Fax: 0421/504522, e-mail: hbhmoeller@aol.com

**Hamburg**
Fachverband Darstellendes Spiel Hamburg e.V.
Vorsitzender: Rudolf Wedekind
Tigerstraße 24, 22525 Hamburg
Tel.: 040/498831, e-mail: gabrielabaehr@aol.com

**Hessen**
Landesverband Schultheater in Hessen e.V.
Vorsitzender: Klaus Riedel
Stephanstr. 3, 34131 Kassel
Tel.: 0561/636-38 Fax: -68, e-mail: Brige.Sturm-Schott@gmx.net

**Mecklenburg-Vorpommern**
Landesarbeitsgemeinschaft für das Darstellende Spiel in der Schule MV e.V.
Vorsitzende: Silke Gerhardt
Wossidlerstraße 63, 19059 Schwerin
Tel.: 0385/7851199, e-mail: SCGerhardt@gmx.de

**Niedersachsen**
Fachverband Schultheater – Darstellendes Spiel Niedersachsen e.V.
Vorsitzende: Sabine Peters
Am Walde 26, 21403, Wendisch Evern
Tel.: 04131/51167, e-mail: peters-wendisch@t-online.de

**Nordrhein-Westfalen**
Landesarbeitsgemeinschaft Schüler-Theater
Nordrhein-Westfalen e.V., Vorsitzender: Michael Schwarzwald
Meierbreite 4, 37688 Beverungen
Tel.: 05645/74447, Fax: 74449, e-mail: Michael.Schwarzwald@t-online.de

**Rheinland-Pfalz**
Landesarbeitsgemeinschaft für das Darstellende Spiel in der Schule Rheinland-
Pfalz e.V.
Vorsitzender: Achim Ropers
Wiesenstr. 32, 66978 Clausen
Tel. (p.): 06333/2431, Tel. (d.): 06331/-240414 Fax: 240423,
e-mail: maitreachim@aol.com

**Saarland**
Theaterpädagogisches Zentrum Saarbrücken
Rita Niessen-Krämer
Birkenstraße 43, 66119 Saarbrücken
Tel.: 0681/855401 Fax: 9850236, e-mail: riaussem@yahoo.de

**Sachsen**
Landesarbeitsgemeinschaft Darstellendes Spiel Sachsen e.V.
Vorsitzender: Jeanette Maatz
Tropauer-Straße 18, 01279 Dresden
Tel.: 0351/253025, e-mail: jeanette.maatz@arcor.de

**Sachsen-Anhalt**
Landeszentrum „Spiel & Theater" Sachsen-Anhalt e.V.
Vorsitzender: Tom Wolter, Kontakt: Silke Lenz
Bandwirkerstr.12, 39114 Magdeburg
Tel.: 0391/8868-596, -593, Fax: -591, e-mail: info@lanze-lsa.de

**Schleswig-Holstein**
Förderverband für das Darstellende Spiel an den Schulen e.V.
Vorsitzender:Tilmann Ziemke
Holmredder 90, 24107 Kiel
Tel. + Fax: 0431/314729, e-mail: tilmann.ziemke@t-online.de

**Thüringen**
Landesarbeitsgemeinschaft Spiel und Theater in Thüringen e.V.
Vorsitzender: Bernhard Ohnesorge
Dr.-Wilhelm-Külz-Straße 20, 99974 Mühlhausen
Tel.: 03601/816690, Fax: 816691, e-mail: lag-thüringen@t-online.de

## Status Lehren

Genauso gut könnte dieser Hinweis in Kapitel 2: *Körper und Raum* stehen.
In der Regel *steht* der Lehrer *vor* seinen sitzenden Schülern. Das hat zur
Folge, dass der Lehrer *über* seinen Schülern steht und damit einen höheren

Status besitzt. Er *blickt* auf die Schüler *herab.* Und die Schüler blicken *herauf.* Ständig. Wir sind so daran gewöhnt, dass wir nicht mehr über die Wirkung nachdenken. Nur aus dem Umstand heraus, dass wir selbst als Schüler so dagesessen haben, empfinden wir das als völlig normal. Normal ist das, keine Frage. Offensichtlich findet das ja immer und überall statt. Wenn Sie vor der Klasse stehen oder an der Tafel dozieren, ist dieser Effekt wahrscheinlich wünschenswert.

Trotzdem sollte man sich der Wirkung bewusst sein, spätestens dann, wenn man persönlich auf einen Schüler zugeht: Je näher Sie vor einem sitzenden Schüler stehen, desto größer ist die Machtdemonstration. Wenn Sie sich beispielsweise bei der Hausaufgabenkontrolle einem Ihrer Schützlinge zuwenden, so können Sie das

- auf *Augenhöhe,* indem Sie vor dem Schüler knien oder sich neben ihn setzen,
- indem Sie *hinter dem Schüler stehen* und ihn mit dem Zeigefinger auf Fehler hinweisen,
- indem Sie *vor dem Schüler stehen,*
- indem Sie sich *halb auf den Schülertisch setzen.* Viele beanspruchen auf diese Weise einen Raum des Schülers für sich.

Auf welcher Ebene begegnen Sie Ihren Schülern? Was situationsgerecht ist, wird von Fall zu Fall, von Lehrer zu Lehrer unterschiedlich sein. Aber das Wissen um die Wirkung kann nicht schaden. Manche Dinge kann man nun einmal nicht ändern, und trotzdem ist es gut, wenn man weiß, dass man als Lehrer*in* meist etwas kleiner als der männliche Kollege ist. Es ist vielleicht mit ein Grund, warum es mehr männliche als weibliche Schulleiter gibt. Vielleicht. Zumindest würde ich auf einer Bühne Machtverhältnisse über Größe darstellen.

## Kleider machen Leute

Es ist so. Jeder weiß das. Deshalb muss auch nicht darüber geschrieben werden. Und deshalb schreibe ich hier über Bärte. *Wenn Sie einen Bart tragen, wird Ihre Stimme gewichtiger. Sie wirken gesetzter, und man hört Ihnen eher zu.* Als Mann können Sie das gerne ausprobieren, der Effekt setzt bei einer Bartlänge von mehr als fünf Zentimetern ein. Zumindest war das bei mir so. Als Frau können Sie sich überlegen, wie Männer mit und ohne Bart auf Sie wirken.

## Körpersprache – Körperschwerpunkt und Führungszentrum

Mit Kleidern, Bärten und Augenlidern verbringen viele Menschen viel Zeit vor dem Spiegel. Hingegen scheint es für ihr Selbstbild fast gleichgültig zu sein, wie sie sich *bewegen.* Vielleicht ist es so, weil man seinen eigenen

Habitus vor dem Spiegel, dem privaten Richter, nicht beobachten kann. Kleider, Bärte und geschminkte Augenlider stärken im Wesentlichen aber nur das eigene Ego. Wenn Sie sich gefilmt sehen, werden Sie vermutlich darüber erschrecken, *wer* da auf der Leinwand läuft.

Der Körper sagt Dinge, die man schlecht aufschreiben kann. Er gibt Auskunft über Gefühle und die Beziehung zum Gesprächspartner, und zwar meist völlig ungesteuert und unbeabsichtigt. Daher ist diese Sprache meist ehrlich.

In diesem Abschnitt sollen keine Tricks mit Körpersprache gezeigt werden. Der Lehrer ist keine Marionette und auch keine programmierbare Computersimulation. Natürlich können Sie beeindruckende Effekte mit Körpereinsatz erzielen, aber diese wirklich auch durchzuhalten, ist für einen Laien auf Dauer nicht möglich. Im schlimmsten Falle verlieren Sie mit einem solchen Spiel Ihre Authentizität und damit Ihre Glaubwürdigkeit. Besser ist der Weg, sich die Bedeutungen von unterschiedlichen Haltungen bewusst zu machen, sowohl bei sich selbst als auch bei seinen Schülern oder Kollegen. Jemand, der sich der Bedeutung von Körperhaltungen bewusst ist, wird anders mit seinem Körper und mit seiner Umwelt umgehen. Statt Rezepten hier also wieder ein Angebot von Möglichkeiten.

Zum Beispiel nutzen Lehrer diese Haltungen, um ihre Schüler aufzurufen:

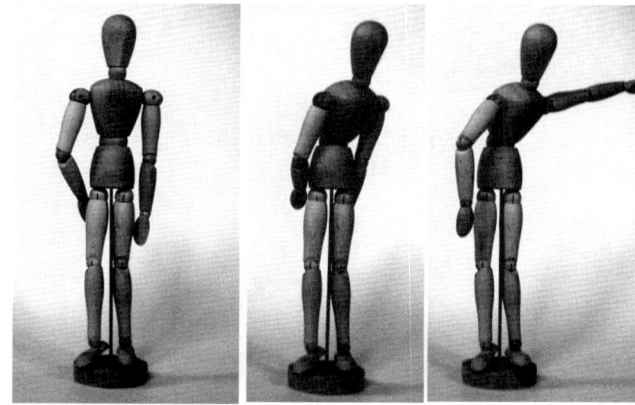

Körperhaltungen

Bei der nächsten Serie wissen Sie um die Unsicherheit der Person, noch ehe ein Wort gefallen ist. Erkennen Sie solche Haltungen bei Ihren Schülern, zum Beispiel während einer Prüfung oder Präsentation?

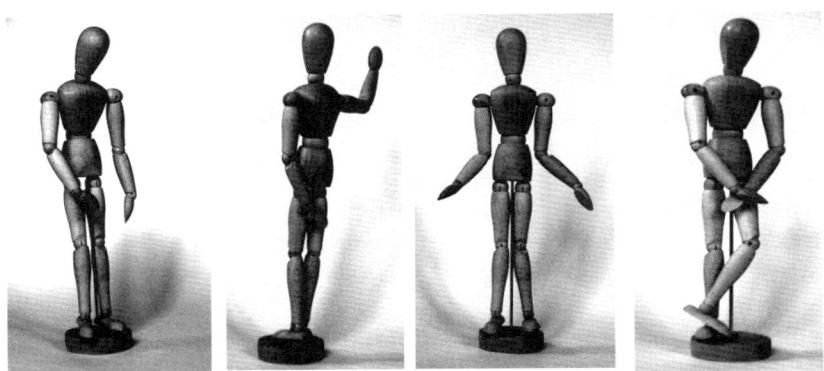

Die Wirkung eines gesenkten Kopfes:

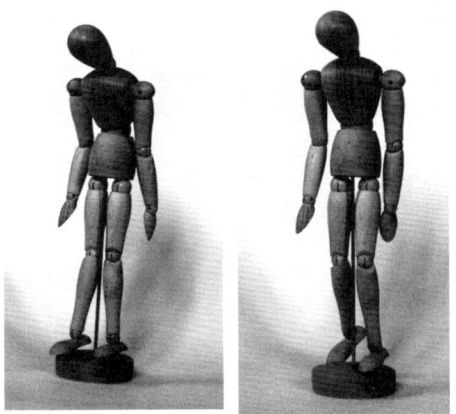

Allein durch Körperhaltung verändert sich die Außenwirkung kolossal:

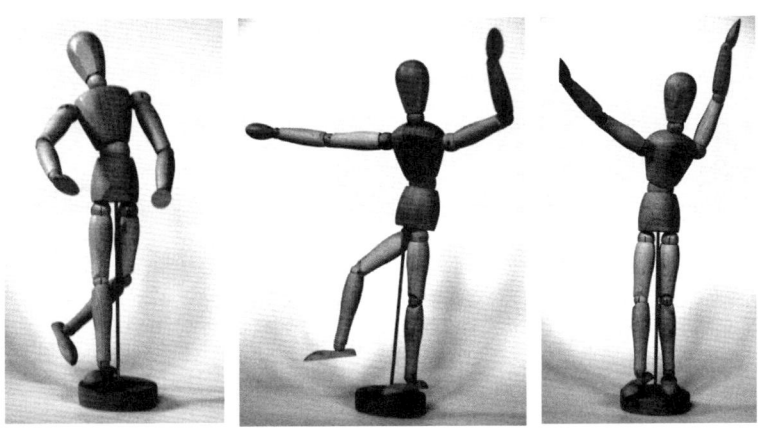

Noch ein Beispiel zur Disziplinierung:

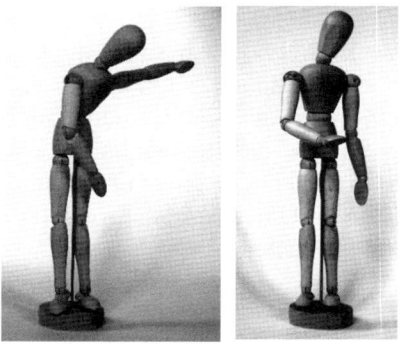

Erstaunlich, es ist immer dieselbe Figur!

Nun zur Bewegung: Es gibt mindestens 20 verschiedene Gangarten, um durch einen Raum zu gehen. Meist wird nur eine einzige benutzt. Genauso wie jeder Lehrer unterschiedliche Charaktertypen (vgl. 3.4) in sich trägt, genauso stecken in ihm verschiedene Gangarten.

Eine Übung: Versuchen Sie, die Gangart eines Bekannten zu kopieren. Mit dem *Körperschwerpunkt* und dem *Führungszentrum* haben Sie bereits einen Großteil der Bewegung dupliziert. Der *Körperschwerpunkt* ist der Ausgangspunkt der Bewegungen. Das können der Rücken, die Füße oder der Bauch sein. Das *Führungszentrum* ist der Punkt am Körper, der anführt. Auf den folgenden Fotos sind das die Stirn und der Bauchnabel.

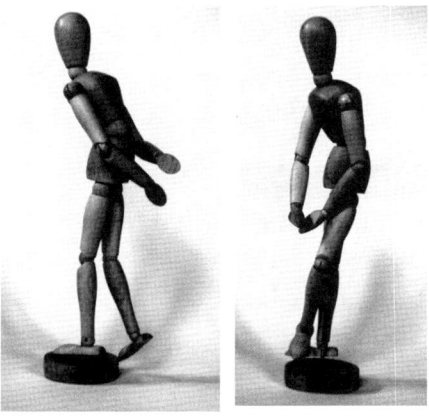

## 3.9 Die „bezaubernde" Lehrerstimme

Schenkt man dem Versuch im letzten Unterkapitel Glauben, so funktioniert Unterricht auch *ohne* Stimme. Damit lässt sich Stimme viel bewusster einsetzten. Theatralisch ist die Stimme etwas *Zusätzliches*, eine zweite (Informations-)Ebene. Das *Zauberhafte* in der Stimme, die Modulation, die Wirkung von Pausen, lautes und leises Sprechen – all das ist Teil der Kommunikation. Alle diese Dinge tun alle Leute, ob im Unterricht oder woanders. Aber nur wenige nutzen bewusst diese Möglichkeiten.

Nur um deutlich zwischen Stimme und Informationsgehalt zu unterscheiden: Christian Brückner (die deutsche Stimme von Robert De Niro) könnte mir zweieinhalb Stunden das örtliche Telefonbuch vorlesen, und ich würde gebannt zuhören. Der Löwenanteil einer Botschaft steckt eben nicht im Text. Sie können auf zehn verschiedene Arten „Ja" sagen: aufmunternd, ironisch, lachend, ängstlich, fragend, einem Befehl folgend, auffordernd, weinend, verliebt, bestimmend. Hier eine theatrale Übung zu den unterschiedlichen Wirkungen des gesprochenen Wortes: Ein beliebiger Text kann genommen werden, beispielsweise ein Wetterbericht.

---

### Vorhersage

**Lage:** Von Westen zieht eine Störung mit feuchter Luft heran.

**Heute:** Aus dichter Bewölkung fällt gelegentlich Regen. Die Sonne zeigt sich dabei eher selten, nur örtlich gibt es längere heitere Abschnitte. Bei Temperaturen bis 15 Grad weht ein schwacher, in Böen mäßiger Wind aus südlichen Richtungen.

**Aussichten:** Morgen zeitweise Niederschläge, am Sonntag wieder freundlicher.

### Biowetter

In Verbindung mit niedrigem und hohem Blutdruck ist die Anfälligkeit für Herz-Kreislauf-Beschwerden heute etwas erhöht. Migräne und Kopfschmerzen treten häufiger auf, und auch viele Rheumatiker spüren wetterbedingte Reaktionen.

Sie können den Text lesen

... wie ein Märchen

... im Stil eines Sportreporters

... wie eine Computertelefonstimme

... als Werbetext

... zu einem feierlichem Anlass, beispielsweise einer Hochzeit

... als Trauernachricht

... als Kampfansage

... verliebt

... verärgert

... in vollem Stolz

... schimpfend

... enttäuscht

... begeistert

... in Prüfungsangst

Es gibt natürlich noch 134 weitere Möglichkeiten. Und wenn Sie sicher sind, dann beginnen Sie Ihren Unterricht einmal als Märchen. Oder als Wetterbericht. Oder gelangweilt – was auch immer in Ihnen steckt. Eine beste Tonlage gibt es nicht. Die richtige müssen Sie selbst je nach Situation treffen, aber dazu müssen Sie sich – wie immer – Ihrer theatralen Möglichkeiten bewusst sein.

# Kapitel 4  Rollenverhalten, Rollenspiele und Rollendurchbrechung

## 4.1  Arbeit mit Rollendurchbrechung = Grenzüberschreitung?

Der Jubel einer Klasse bei Unterrichtsausfall ist – zumindest von der Idee *Schule und Bildung* aus betrachtet – ein Wahnsinn. Was wird denn hier bejubelt? Freut man sich etwa darüber, dass man *nichts* lernt? Wenn der Schwimmkurs, die Reitstunde, der Klavierunterricht ausfällt, bleibt es still. Ist Schule etwas *Schlimmes*? Gibt es festgelegte Rollen im Unterricht? *„Ich (Lehrer) biete dir (Schüler) das Gelbe vom Ei, das du voller Dankbarkeit und mit dem Gefühl der Bereicherung in dich aufnehmen solltest (und wenn es so kommt, war es ein schöner und guter Unterricht!)“*[1] So weit ein leicht abgeändertes Zitat von Schulz von Thun.

Lehrer stehend – Schüler sitzend

Ist das, was für die Erwachsenenbildung recht ist, für die Schule nicht billig? So *„besteht für den Lehrer die Gefahr, in die Rolle des Oberlehrers zu verfallen, den Schüler etwas in die Schulbank hineinzudrücken, aus welcher dieser sich dann mit einem symmetrischen Manöver zu befreien sucht.“* (*Miteinander Reden: 2, Nov. 1989; S. 143*) Aus diesem Blickwinkel werden Störungen verständlich: Welche Möglichkeiten hat denn ein Schüler überhaupt, um sich zur Wehr zu setzen? Er stört. Und dann stört er wieder. Und wieder – leider den Unterricht. In der Geschichte gibt es viele positive Beispiele von Widerstand. Das Dumme in unserem Fall ist nur, dass es keine wirklichen Fronten gibt, solange es ums *Lernen* geht. Es gibt keinen Lehrer, der möchte, dass seine Schüler *nichts* lernen. Und kein Schüler geht morgens mit dem Ziel in die Schule, heute *nichts* zu lernen. Lehrer und Schüler streiten sich eben nicht beispielsweise um Rohstoffe wie Erdöl.

---

[1]  Vgl. Schulz von Thun „Miteinander Reden 2" – aggressiv-entwertender Stil

Dennoch stehen sich Schüler und Lehrer im herkömmlichen Unterricht *frontal* gegenüber, wobei der Lehrer auf seine sitzenden Schüler *herab-blickt.* Natürlich werden allein schon dadurch Konfrontation und Störungen begünstigt. Hoffen wir für viele Schulen, dass dieser unterschwellige Effekt nicht allzu groß ist.

Dieses Kapitel versucht einen anderen Weg aufzuzeigen, indem bewusst Rollen durchbrochen werden. Eine Frontenbildung ist hier schlecht mög-lich, da der Schüler nicht stets die typische *Schülerrolle* einnimmt und der Lehrer entsprechend nicht die Rolle *Lehrer.* Wie auch immer unterrichtet wird: die Schüler sollten nachher mehr als vorher wissen. Sonst würde auf Dauer das Konzept „Schule" nicht tragen. Für gewöhnlich scheint es uns selbstverständlich, dass *der Lehrer* den Schülern den Stoff beibringt. Auf-gabe des Lehrers ist aber lediglich, dafür zu sorgen, dass die Schüler etwas lernen. Hierzu kann er unterschiedliche Rollen einnehmen. In diesem Sinne *doziert* der Lehrer nicht, vielmehr schafft er solche Strukturen, dass Schüler selbst lernen.

## 4.2 Partnerarbeit mit Rollenzuweisung

Wenn man eine Sache das erste Mal macht, ist man unsicher. Beim zweiten Mal klappt es schon viel besser. Ganz zu schweigen, wenn man die Sache zum zehnten Mal bewerkstelligt. Und wenn man eine Sache hundertmal gemacht hat, kann man sie viel, viel besser. Die Formel lautet also: Je häufi-ger, desto besser. Also: Üben, üben, üben!

Viele Menschen glauben das.

Lehrer sind auch Menschen. Eltern auch.

Und leider funktioniert diese Methode, man wird tatsächlich besser. Der Haken ist nur, dass sie uneffektiv ist und Menschen wie Schimpansen behan-delt. Schüler können denken, abstrahieren und übertragen, ja sogar formu-lieren, was sie nicht können. Effektiv ist, wenn der Schüler bei all seinem Tun stets darüber nachdenkt, *warum* er es tut. Damit lernt er in Strukturen. Gleicht der Lernstoff einer sinnlosen Aneinanderreihung von Silben, so ist es schwer, sich diesen einzuverleiben. Besitzt die Aneinanderreihung einen Sinn, lernt es sich viel leichter. Lesen Sie jemandem zum Beispiel folgenden Satz vor: *„Mähen Äbte Heu? Äbte mähen nie Heu, Äbte beten."* Ihr Zuhö-rer wird nicht an Kloster und Heuernte denken. Sagen Sie ihm, dass es sich um vollständige deutsche Sätze handelt, die inhaltlich richtig sind. Er wird auch dann nach mehreren Versuchen nicht einmal im Stande sein, diese zu wiederholen, geschweige denn zu verstehen. Liest jedoch Ihr Opfer nur ein-mal den Satz und *begreift* den Sinn, so versteht es unmittelbar. Wir können also nur schwer lernen, ohne zu verstehen, und wir vergessen sinnlose Silbenabfolgen schneller als eine Gesetzmäßigkeit. Dass es ohne Übung nicht geht, steht außer Frage. Jedoch bringt Übung allein nichts. In diesem Punkt unterscheidet sich ein Schimpanse von einem Menschen.

**Ein Praxisvorschlag**

Partnerarbeit. Ein Schüler (*Prüfling*) löst eine Aufgabe, und sein Nachbar (*Prüfer*) stellt bei jedem Schritt eine Frage: *Warum schreibst du das so auf? Gibt es eine Alternative? Was ist der Vorteil von diesem Ansatz?*

Alternativ kann auch nur der Prüfer schreiben, dadurch kann er das Tempo bestimmen: Er schreibt nur immer dann einen Schritt auf, wenn er überzeugt davon ist, dass das Vorgehen schlüssig und gut ist.

## 4.3 Schüler erstellen eine Klassenarbeit

Schüler werden darauf trainiert, in möglichst kurzer Zeit Fragen schriftlich zu beantworten. Ob sie das gelernt haben, prüft eine Klassenarbeit – bedenklich. Lässt sich nicht viel eher ein Lernender durch seine Fragen einschätzen? Gibt die Fähigkeit, selbst Fragen zu einem Thema zu stellen, nicht mehr Auskunft über das Können oder Nichtkönnen eines Schülers als Antworten, die meist nicht einmal in richtigen deutschen Sätzen formuliert werden? Ich behaupte, dass jemand ein Thema erst dann verstanden hat, wenn er auch Fragen dazu stellen kann.

**Praxisvorschlag**

Sie müssen nicht unbedingt die Rolle des Aufgabenstellers übernehmen. Die Schüler können das selbst.

1. Die Klasse und der Unterrichtsstoff werden vom Lehrer in sechs Gruppen eingeteilt.

2. Jede Gruppe erhält ein Thema und soll sich hierzu zwei Aufgaben überlegen, die repräsentativ für den Stoff sind. Jede Aufgabe soll in ca. 7 Minuten gelöst werden können.

3. Ein DIN A4-Blatt wird in sechs schmale Streifen zerlegt. Jede Gruppe schreibt auf die Vorderseite *eines* Streifens beide Fragen und auf die Rückseite entsprechend die Lösungen. Falls der Platz für die Lösung nicht reicht, soll zumindest der Erwartungshorizont angegeben werden.

4. Der Lehrer puzzelt auf dem Kopierer die Aufgaben zusammen und kopiert die so erstellte Arbeit. Die Lösungen kommen auf die Rückseite. Das Ergebnis bekommt jeder Schüler ausgeteilt.

Schüler erstellen eine Klassenarbeit

5. Die so erstellten Aufgaben bilden die Grundlage für die Klassenarbeit. Hierzu wählt der Lehrer von jeder Gruppe eine der zwei Aufgaben aus und wandelt sie leicht ab. In Mathematik können beispielsweise Zahlen ausgetauscht werden.

Natürlich gibt es viele Varianten: Sie können ein DIN A3-Blatt in Streifen schneiden und später auf DIN A4 herunterkopieren. So können mehr Fragen pro Gruppe untergebracht werden und für die Klassenarbeit die Aufgaben eins-zu-eins übernommen werden. Die Gruppen können auch zu Expertengruppen für ihre Aufgabe werden und bilden damit eine Anlaufstelle für Fragen der Mitschüler. Wenn Sie *Gruppenpuzzle* als Arbeitstechnik gut finden, nur zu. Es können ausführliche Musterlösungen erstellt werden und im Klassenzimmer aufgehängt werden. Sinnvoll ist sicher auch, nur *Gruppenfragen* zuzulassen, d. h. dass nur die Gruppe eine Frage stellen darf, private Fragen werden nicht beantwortet. Damit sinkt die Anzahl der Fragen enorm, und Sie haben eine Chance, in der Klasse als Berater unterwegs zu sein. Wie gesagt: Varianten gibt es viele, sie können fast beliebig abgeändert werden. Interessant ist, was theatralisch bzw. didaktisch passiert:

- Entscheidend ist der *Rollentausch*, den die Schüler vollführen. Auf einmal sollen sie selbst Fragen stellen. Sie wechseln die Perspektive vom Prüfling zum Prüfer. Das ermöglicht ein viel tieferes Verständnis des Themas.

- Der Stoff wie auch die Klassenarbeit sind nicht mehr das Damoklesschwert des Lehrers, vielmehr wird der Schüler in den Prozess mit einbezogen. Er wird in die Verantwortung genommen: Sind Fragen unklar oder hat sich die Gruppe bei den Lösungen keine Mühe gegeben, erhält sie ein entsprechendes Feedback von den Mitstreitern.

- Die Machtverteilung ist anders: Der Stoff wird nicht mehr verordnet. Der Schüler denkt selbst nach, *wie* und *welche* Aufgaben er stellt. Im Grunde ist er selbst zum Lehrer geworden. Der Lerngegenstand wird zur Schülersache.

- Der Lehrer unterrichtet nicht mehr im gewöhnlichem Sinne: Er strukturiert, gibt Zeitpläne vor und ist Berater.

## 4.4 Spickzettel und heimliche Lehrpläne

Er hat einen schlechten Ruf, der Spickzettel. Zu Unrecht. Auf kleinstem Raum wird hier eine Informationsdichte erzeugt, auf Briefmarkengröße. Das Prozedere einer Klassenarbeit ist einfach unschön, schon der in Abschnitt 3.7 beschriebene Rollentausch des Lehrers – vom Berater zum Prüfer – ist seltsam. Der Schüler kommt in eine eigenartige Situation. Er erfindet Techniken, um die Arbeit zu bestehen. Und nur eine davon – die vom Lehrer gewünschte – ist das Lernen des Stoffes. Der Schüler lernt jedoch viel mehr:

- das Abschreiben von Kameraden, so dass es der Aufpasser vorne nicht merkt;
- das Erstellen von Spickzetteln und deren Einsatz;
- den unbemerkten Einsatz von Heftaufschrieben und Lehrbüchern;
- …

Ein solcher *heimlicher Lehrplan* bezieht sich natürlich auch auf den Unterricht:

- die Technik, den Lehrer so anzusehen, dass dieser denkt, man passt auf, obwohl man gedanklich ganz woanders ist;
- eine Antwort auf eine Lehrerfrage so zu geben, dass dieser denkt, man hätte möglichst viel davon verstanden;
- das Wissen eines Mitschülers so zu verwenden, dass es aussieht, als hätte man es selbst;
- anderen die Schuld für eine Sache zuzuschieben, für die man selbst verantwortlich ist – zum Beispiel beim Schwätzen im Unterricht;
- Ausreden für nicht gemachte Hausaufgaben zu erfinden;
- glaubwürdige Entschuldigungen für Verspätungen zu finden;
- vielleicht gar Unterschriften zu fälschen;
- …

Einen solchen *heimlichen Lehrplan* kann man sehen, wenn man es will. Natürlich kann man ihn auch wegdiskutieren. Und man kann auch sagen, dass der Schüler nicht den Lehrer hintergehen darf, und, und, und. Solange jedoch der Schüler in eine Rolle gedrängt wird, bei der ihm der Stoff von außen eingetrichtert wird, solange wird er sich dagegen wehren. Je höher die Kontrollen, desto besser werden die Techniken, um die Kontrolle zu unterlaufen. Wird der Schüler *mit ins Boot geholt*, so erübrigen sich oftmals Kontrollen.

Um auf unseren Spickzettel zurückzukommen: Darf sich jeder Schüler vor der Arbeit einen *eigenen* schreiben und diesen zur Arbeit mitbringen, so erübrigt sich das Verbot eines Spickzettels. Zur Fairness können Sie DIN A7-Zettel austeilen, der vorn und hinten beschrieben werden darf. Kein Schüler wird das unterlaufen, und wenn Sie Ihre Schüler bitten, die Spickzettel mit Namen versehen mit abzugeben, erhalten Sie sogar Einblicke in deren Arbeits- und Lerntechniken.

## 4.5 Hausaufgabenbesprechung

Nicht Sie, sondern ein Schüler beginnt den Unterricht, indem er die Hausaufgabe vorstellt. Sie setzen sich hingegen auf dessen Platz und sehen aus Schülerperspektive den Vortrag. Die Sicht auf die Tafel, die Nachbarn des Präsentierenden – all dies kann man nicht vom Pult aus beurteilen, man muss schon einmal selbst die Schülerrolle einnehmen.

### Ein Praxisvorschlag: Die Hausaufgabenbox

Für den Schüler ist es eine große Hilfe, wenn er die Hausaufgabe auf einer Folie vorbereiten kann. Und für Sie ist es eine große Hilfe, wenn die Hausaufgabenpräsentation zum Selbstläufer wird und Sie nicht mehr danach schauen müssen, wer denn heute dran ist. Beides lässt sich mit einer *Hausaufgabenbox* umsetzen: Eine leere Folienschachtel wird mit Folien und wasserlöslichen Stiften (schwarz, grün, blau und rot) bestückt und auf die Deckelinnenseite eine Klassenliste geklebt. Die Schüler können frei bestimmen, wer die Box als Nächstes nimmt. Erklärt sich keiner bereit, wird alphabetisch vorgegangen. Nach der Präsentation streicht der Schüler auf der Klassenliste seinen Namen durch.

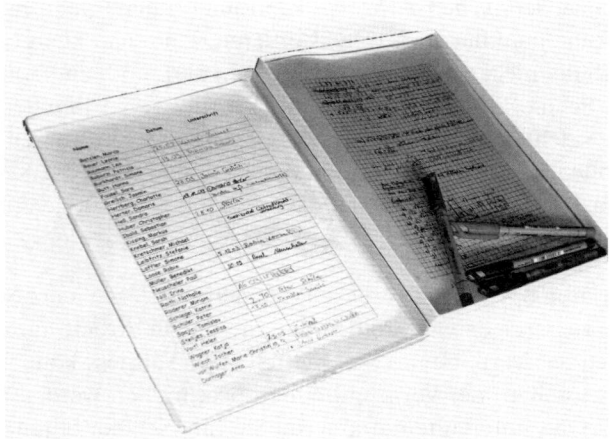

Hausaufgabenbox

Der Schüler lernt Präsentieren und den Umgang mit dem Tageslichtprojektor. Hierzu muss erst der Stecker in die Dose gesteckt und das Raumlicht verdunkelt werden, außerdem gibt es vier Möglichkeiten, eine Folie aufzulegen. Eine davon ist richtig. Dabei haben wir noch gar nicht von Foliengestaltung, Umgang mit Farben, Entwickeln von Folien gesprochen. Das ist die technische Seite.

Die theatralen Elemente:

1. Der erste Redner ist ein Schüler. Das erste Wort haben die Schüler.

2. Wer präsentiert, steht auf einer Bühne. Ungefähr 30 Augenpaare sehen auf den Sprecher. Das ist eine Extremsituation für jemanden, der das noch nie erlebt hat. Von hundert Schülern leidet einer wirklich darunter. Schützen Sie diesen.

3. Freies Sprechen und spontanes Erklären wird geübt.

4. Rollenwechsel: Der Schüler sorgt für Ruhe.

Ein klarer Anfang wertet den Vortrag auf. Wartet der Vortragende so lange, bis niemand mehr spricht, und wartet er dann noch weitere zwei Sekunden, um dann in die Stille hineinzusprechen, wird es richtig gut. Ein Schlussritual, eingeleitet mit den Worten „Noch Fragen?" markiert ein deutliches Ende. Und dann: Kurzer Applaus des Publikums.

Wenn der Lehrer will, kann er das Positive am Vortrag hervorheben und das Negative unter den Tisch fallen lassen. Damit werden die Stundeneinführungen von Mal zu Mal besser, ohne dass jemand bloßgestellt wird.

## 4.6 Redestab

Indianer nutzten in Diskussionen mitunter einen Redestab. Diese Technik eignet sich hervorragend, wenn viele Menschen miteinander diskutieren und möglichst viele zu Wort kommen sollen, ohne dass dabei Chaos ausbricht.

Redestab

**Praxisvorschlag**

Hier soll eine Klasse ein vom Lehrer gestelltes Problem lösen. Nach einer vorgegebenen Zeit (fünf Minuten) sollen die Schüler *einheitlich* zu einem Ergebnis kommen. Als Thema eignet sich so ziemlich alles. Beispielsweise auch die Frage, *ob Schall Zeit braucht, um eine Strecke zurückzulegen* (nur um hier ein konkretes Beispiel zu haben). Hier sollte die Klasse sich auf ein Experiment einigen, das die Frage beantwortet und das noch während der Unterrichtszeit durchgeführt werden kann. Diskutiert wird nach folgenden Regeln:

1. Es darf nur derjenige sprechen, der den Redestab in der Hand hält.

2. Jungen geben an Mädchen weiter, Mädchen an Jungen. Ansonsten besteht die Gefahr, dass nur noch Jungen reden.

3. Jedem darf der Stab gereicht werden, also auch denen, die sich nicht melden.

4. Bevorzugt wird der Redestab an Mitstreiter gegeben, die noch nichts gesagt haben.

5. Der jeweilige Redner kann eine Frage stellen, erklären, was ihm unklar ist, eine Bemerkung zu einem Vorredner machen, gegen oder für eine Hypothese Stellung beziehen.

6. Der Lehrer hält sich *inhaltlich* völlig heraus. Hingegen achtet er sehr streng auf die Einhaltung der Regeln und nimmt die Zeit.

Ein Redestab kann auch ein Ball, ein Mäppchen oder der trockene Tafel-schwamm sein. Oder ein Plüschtier wie Fridolin in Kapitel 6 (*Figuren-theater*). Ein solcher „Stab" lässt sich auch werfen. Zu Beginn müssen Sie wahrscheinlich wieder und wieder den Redner darauf hinweisen, dass er zur Klasse sprechen und nicht stattdessen dem Lehrer fragend in die Augen schauen soll. Es hilft etwas, wenn Sie sich unauffällig hinten im Klassen-zimmer verstecken (vgl. auch 2.4: Territorien des Lehrers).

Wenn Sie zum ersten Mal diese Methode anwenden, werden Sie vermutlich überrascht sein, *was* ein vernünftiger Mensch alles denken und schluss-folgern kann. Es fällt nicht unbedingt leicht, dabei selbst den Mund zu hal-ten. Oft haben ganz „stille" Schüler die besten Ideen, da auch sie mit dem Redestab zu Wort kommen. Dürfen die Schüler sprechen, ohne dass der Lehrer sofort berichtigt, entwickeln sich ungeahnte Lösungsstrategien. Vielleicht sogar „falsche". Umso wichtiger, solches Denken zu üben: Die Kinder von heute müssen Aufgaben lösen, von denen ich noch nicht einmal die Fragestellung weiß. Sie können ja immer noch am Ende die Sache „rich-tig stellen". Wichtig ist, dass die Schüler reden. Sie diskutieren und sprechen von sich aus über Inhalte. Im üblichen Unterricht redet und gestaltet fast nur der Lehrer.

## 4.7  Eine Frage des Standpunktes

Der Redestab kann räumlich ausgebaut werden. Jede Frage, die eine klare Antwort erlaubt, lässt sich so beantworten. Um die Technik durch ein Bei-spiel konkret zu machen: Siebte Klasse, Wahrscheinlichkeitsrechnung. Tische und Bänke wurden zur Seite geschoben und in die Mitte des Raums zwei Stühle gestellt. Die Frage: „*Wie viele Möglichkeiten gibt es, die Plätze zu besetzen, wenn 28 Schüler im Raum sind?*" Es war sofort klar, dass der erste, der sich setzt, 28 Möglichkeiten hat, der zweite nur noch 27 – ein Stuhl ist ja bereits besetzt. *Mir* war sofort klar, dass die beiden Zahlen multipliziert werden müssen. Und *mir* war absolut unklar, wie man auf die Idee kommen kann, die Zahlen zu addieren. Die Schüler der „Plus-Fraktion" sollten nach links, die Schüler, die vom Multiplizieren überzeugt waren, entsprechend nach rechts.

Eine Zeitvorgabe gibt es nicht. Es werden so lange die Standpunkte gewech-selt, bis alle auf einer Seite stehen. Nicht das Faustrecht entscheidet, son-dern die besseren Argumenten. Genauer gelten die Regeln:

1.  Es darf nur der sprechen, der den Redestab in der Hand hält.
2.  Jeder darf zu jedem Zeitpunkt seinen Standpunkt schweigend wechseln.
3.  Es gibt keine „Mitte". Jeder muss sich entscheiden, wo er stehen möchte.

Eine Frage des Standpunktes

Für die Zuschauer ist es spannend, *welche* Argumente überzeugen. Bei der Wahrscheinlichkeitsrechnung standen zu Beginn lediglich drei Schüler „richtig". Schön an der Methode ist, dass es keine Verlierer gibt: Zum Schluss stehen alle auf einer Seite.

Die Methode ist, räumlich betrachtet, verwandt mit der in 2.3 beschriebenen *Antwort (auf eine Frage)*. Wieder geht es um *Körper und Raum*, jedoch hat der Lehrer eine völlig andere Funktion. Wie im letzten Abschnitt hat er die *Rolle* des Organisators, er greift inhaltlich nicht ein.

## Alternativen

Der Lehrer kann zuerst Vermutungen sammeln. Gibt es beispielsweise vier Vermutungen, können die Ecken des Klassenzimmers als Positionen dienen.

Mit dieser Methode kann man nicht nur über Addition und Multiplikation diskutieren oder darüber, ob Schall Zeit braucht oder nicht. Genauso kann man sich im Argumentieren zu Themen wie Genforschung oder Schwangerschaftsabbruch üben. Natürlich kann man dann nicht so lange diskutieren, bis alle auf einer Seite stehen. Hier gibt es kein „Richtig" oder „Falsch".

## 4.8 SKJ-Prinzip

*Warum ist der durchschnittliche japanische Schüler besser als der deutsche?*

*Ein Blick auf den typisch deutschen Unterricht:*

1. *Der Lehrer erklärt den Stoff.*
2. *Der Lehrer geht gemeinsam mit den Schülern eine Aufgabe durch.*
3. *Der Lehrer stellt vertiefende Aufgaben.*
4. *Die Schüler versuchen die Aufgaben zu lösen, und der Lehrer hilft dabei den schwächeren Schülern.*

*Ein Blick auf den typisch japanischen Unterricht:*

1. *Der Lehrer erklärt den Stoff.*
2. *Der Lehrer geht gemeinsam mit den Schülern eine Aufgabe durch.*
3. *Der Lehrer teilt die Klasse auf: Die linke Seite überlegt sich Aufgaben für die rechte und umgekehrt.*
4. *Die Schüler lösen die ihnen gestellten Aufgaben.*

Läuft es so in Japan ab? Wie dem auch sei:

– Der Schüler wechselt auch in die Rolle des Aufgabenstellers.
– Der Lehrer weiß anhand der gestellten Aufgaben, welche für Schüler als schwer und welche als leicht eingestuft werden.
– Der Lehrer diktiert nicht mehr den Unterricht, sondern nimmt die Rolle des *Organisators* ein.
– Die Schüler greifen in den Unterricht mit ein. Es ist spannend, wie man eine Aufgabe immer weiter verdrehen und komplizierter gestalten kann. Ein gegenseitiges Ranking treibt die Klasse voran.
– Diese Übungsstunde bedarf keinerlei Vorbereitungszeit.

Die Idee stammt von Ulrich Stolte und ist genial einfach. Trotzdem endete mein erster Versuch, eine Schulstunde auf diese Weise zu gestalten, im Chaos. Es ist einfach nicht möglich, dass sich eine halbe Schulklasse gemeinsam auf eine Aufgabe einigt, deutsche Schulklassen sind zu groß. Mit sechs Gruppen (vgl. Farbgruppen in 2.3) geht es hervorragend. Somit versteht sich der Name der Technik: **S**tolte-**K**ramer-**J**apan.

**Das SKJ-Prinzip**

Es gibt sechs Gruppen und sechs Felder an der Tafel.

Zuerst überlegt sich jede Gruppe eine Aufgabe, löst diese und schreibt sie danach in ein Feld. Das kann seine Zeit dauern, da das *Stellen* einer Aufgabe genauso schwer sein kann wie das *Lösen*.

In der zweiten Phase löst jede Gruppe die gegenüberliegende Aufgabe. Zum Beispiel ist die Aufgabe im Feld unten links für die Gruppe bestimmt, die ihre Übung rechts hingeschrieben hat. Ansprechpartner ist immer die Gruppe, die die Aufgabe gestellt hat.

Als Hausaufgabe bearbeiten alle Schüler alle Aufgaben.

Der Schüler wechselt damit in doppelter Hinsicht seine Rolle: Vom *Aufgabensteller* zum *Aufgabenlöser* und vom *Teampartner* in einer Gruppe zum *Einzelkämpfer* bei der Hausaufgabe.

## 4.9 Hausaufgaben

können sich Schüler selber stellen. Wenn Sie das noch nie gemacht haben, werden Sie überrascht sein: Wird die Hausaufgabe dem Schüler nicht verordnet – in dessen Jargon: *nicht reingedrückt* – ist er bereit, viel mehr zu arbeiten. Ihre Rolle ist erstaunlicherweise die, dafür zu sorgen, dass sich Ihre Schüler nicht *zu viel* aufhalsen.

Zur konkreten Umsetzung: Die Methode ist verwandt mit dem SKJ-Prinzip. Teilen Sie die Klassen in Gruppen ein und geben ihnen den Arbeitsauftrag, im Buch Aufgaben für beispielsweise 30 Minuten auszusuchen. Der Lehrer bekommt die Aufgabennummern und hat so die Möglichkeit, seinen Schülern die Lösungen zu kopieren. Außerdem ist dann auch klar, welche Aufgaben welche Gruppen machen müssen. In der Praxis kopiert man in der Regel für alle Gruppen dieselben Seiten aus dem Lösungsbuch und gibt jeder ein Exemplar.

Wenn Menschen Wahlfreiheit und Mitgestaltungsrecht haben, arbeiten sie weit mehr als unter Zwang und machen unter Umständen auch noch dann weiter, wenn kein Aufpasser mehr da ist. Für manchen mag das paradox sein: Je mehr fremdbestimmt und kontrolliert wird, desto weniger kommt dabei heraus. Vielleicht klingt diese Tatsache deswegen so ungewohnt und seltsam, da häufig Vertrauen mit Interesselosigkeit verwechselt wird. Wenn Sie wollen, dass Ihre Schüler auch noch nach dem Klingeln über den Stoff reden oder im Bus oder gar in ihrer Freizeit, dann ist Druck das falsche Mittel. Das ist klar, sobald man sich in die *Schülerrolle* hineinversetzt. Wer lässt sich schon gerne diktieren, was er zu tun hat?

## 4.10 Sanktionen durch Schüler

Sie sorgen für den Fortgang des Unterrichts. Sie sind auch der Disziplinierende. Warum? Warum können sich die Schüler nicht gegenseitig aus dem Unterricht hinauswerfen?

Verteilen Sie vier Karten mit der Aufschrift *Regelbeobachter* an vier weit auseinander sitzende Schüler. Wird der Unterricht gestört, dann stehen die Regelbeobachter in der Pflicht, die Unruheherde vor die Tür zu setzen. Damit haben Sie nur noch eine Rolle – die des Unterrichtenden.

Nach jeder Stunde werden die Karten weitergegeben. Somit werden diese zum Selbstläufer. Der damit verbundene Rollenwechsel ist sehr wichtig. Ansonsten besteht die Gefahr eines „Polizeistaates". Jeder ist einmal an der Reihe. Klappt es nicht mit der Ordnung, kommen nicht die Störenfriede zum Nachsitzen, sondern die Regelbeobachter. All das ist zu Beginn klarzustellen, außerdem ist noch zu fragen, ob die Klasse damit einverstanden ist. Verordnen lässt sich das nicht – zumindest nicht, wenn es gut werden soll.

Wenn der Lehrer beide Rollen spielen muss – Wissensvermittler und Disziplinierender –, wird die Qualität des Unterrichts schlechter. Sehen Ihre Schüler das nicht ein, brauchen Sie keine Karten zu schreiben. Natürlich muss das erklärt werden. Durch die neue Rollenverteilung wechseln die Positionen von Schülern und Lehrer. Auf einmal denken alle über die Qualität des Unterrichts nach. Und auf einmal macht es keinen Sinn mehr, den Unterricht zu stören.

# 4.11 Noten

Die Wirkung und Macht von Noten wird Jahr für Jahr offensichtlich. Sie wissen es, sobald Sie einmal nur versucht haben, *nach* den Zeugniskonferenzen zu unterrichten. Der Schüler fragt sich, warum in aller Welt der Lehrer jetzt noch unterrichten will, alle Noten stehen doch schon fest. Und dieses Verhalten wird meist als völlig normal empfunden. Normal ist das nicht. Vielleicht, wenn es nicht um Dinge wie Lernen und persönliche Entwicklung geht, sondern darum, ob man eine Drei oder eine Vier oder eine Zwei im Zeugnis hat. Tatsache ist, dass es beispielsweise in Klasse 7 völlig egal ist, ob man in Physik mit einer 2,5 eine Drei oder eine Zwei bekommt. Aber Jahr für Jahr führen Schüler harte Verhandlungen darüber und würden einiges dafür tun, nur um eine bessere Note zu erhalten. Als ob man mit einer Zwei die Natur besser erklären könnte als mit einer Drei. Für den Schüler mag es *wirklich* einen Unterschied machen, ob er mit einer Zwei oder einer Drei heimkommt. Aber das macht die Sache nur noch schlimmer, demonstriert es doch, dass es um die Note geht, nicht um Verständnis. Unschuldig sind wir (Lehrer, Eltern) daran nicht: Wir haben es den Schülern beigebracht, beispielsweise mit *Motivation durch Noten*. Statt für sich selbst und für das Leben zu lernen, lernt der Schüler für die Schule.

Dabei können Noten und Bewertungen falsch sein. Oft glauben Schüler blind an Beurteilungen. Als Schüler glaubte ich wirklich, dass die Lehrereinschätzung, was mündliche Noten angeht, in jedem Falle richtig ist. Er wusste ja auch sonst alles. Ich zweifelte auch nicht daran, dass ich mich verschlechtert hatte, wenn ich von einer 2,4 auf eine 2,6 gerutscht war. Heute weiß ich, dass es Unfug ist, so etwas zu glauben.

Natürlich lassen sich Noten in unserer Welt nicht ignorieren. Beispielsweise bei der Einstellung. Eine Vorselektion geschieht auf Basis von Zeugnisdurchschnitten. Matthias Wagner, Personalleiter bei Bosch, legt für sich bei der Einstellung einen Schwellenwert zugrunde. *„Auch wenn ich weiß, dass vielleicht zehn Prozent der Bewerber nicht mit ihrer Schulnote korrelieren."* Liegt der Schüler unter dem Schwellenwert, hat er Pech. Es sei denn, er hat während seiner Schullaufbahn eine „Softwarebude" aufgebaut und kann somit kompensieren. Ansonsten gilt die Note als Eintrittskarte. Ab dann ist es allerdings gleich, ob der Bewerber eine 1,7 oder eine 1,3 im Schnitt hat. *„Der persönliche Eindruck lässt die Note in den Hintergrund treten."* Und an anderer Stelle meint Wagner: *„Die Zeugnisnote ist ein Hilfsmittel. Ich will keinen, der (nur) gute Noten hat. Niemals lässt sich ein Auswahlverfahren auf Noten reduzieren."*

Noten sind also wichtig, keine Frage. Umso wichtiger ist es, dass der Schüler lernt, sich selbst einzuschätzen und Bewertungen zu reflektieren. Das ist nicht einfach. Für eine Selbsteinschätzung benötigt man Vergleiche und

Referenzen – irgendeine Struktur, ein Raster, in welches man sich selbst ein-
ordnen kann. In den folgenden Praxisvorschlägen geht es nicht nur darum,
die „richtige" Note zu finden, sondern auch darum, Noten zu reflektieren
und gegebenenfalls in Frage zu stellen. Hätte ich an alle meine Bewertungen
geglaubt, so wäre ich heute nicht Lehrer, würde keine Fortbildungen leiten
und keine Bücher über Unterricht schreiben.

**Zur Praxis**

Die Rolle des *Notengebers* liegt für gewöhnlich beim Lehrer. In den vorgestellten Techniken schlüpft der Schüler in diese Rolle. Und meistens mag er
das zunächst gar nicht.

- Bei einer Klassenarbeit soll der Schüler sich selbst eine Note geben
und schreibt diese oben rechts an den Rand. Er bewertet *nicht* die
Leistung in der nachfolgenden Klassenarbeit, sondern *wie gut er das
Thema verstanden hat*, das jetzt geprüft wird. Eine Klassenarbeit ist
wie Selbsteinschätzung auch nur eine Methode, um zu einer Note zu
gelangen. Im Fall eines Black-out ist der geschriebene Test sicherlich
das schlechtere Bewertungssystem. Bei der Korrektur schreibt der
Lehrer seine Note direkt neben die Schülereinschätzung.

- Bevor Sie Ihre mündlichen Noten bekannt geben, können sich die
Schüler zuerst selbst einschätzen. Aber sagen Sie ihnen vorher, dass es
bei der mündlichen Note um Qualität geht, nicht um Quantität.
Weichen Schüler- und Lehrernoten mehr als eine halbe Note voneinander ab, wird darüber gesprochen. Denn dann stimmt irgendetwas nicht. Diese Fälle sind allerdings selten, meistens gibt es nur
geringe Abweichungen.
Schüler bewerten sich in der Regel eher schlechter, als der Lehrer es
tun würde. Eine Schülerin der Klasse 11 gab sich beispielsweise einmal
eine Vier, ich hingegen eine Zwei. Jahre später weiß ich noch ihr
Hauptargument: *Sie war eben schon immer schlecht in Mathe. Und
sagen würde sie auch wenig.* Allerdings lässt sich aus diesen Aussagen
keine Note festlegen, nicht einmal ansatzweise.

- Der Lehrer kann um ein Feedback zu seinem Unterricht bitten. Die
Schüler schreiben auf einen Zettel, was sie am Unterricht gut fanden
und was nicht. Sie können auch nach einer (begründeten) Note
zwischen Eins und Sechs fragen.

## 4.12 Über die Wirkung von Kontrolllisten

In manchen Schulen gibt es Listen, die Fehlverhalten von Schülern im Tagebuch festhalten. Mitunter gibt es auch Kontrollzettel, bei der die Verfehlun-
gen des Schülers nur noch angekreuzt werden müssen. Wie wäre es für Sie,
wenn die Schüler etwa eine solche Vorlage zur Verfügung hätten?

## KRAMER-GYMNASIUM
WISSENSCHAFTLICHES UND SPRACHLICHES PROFIL

_Kramer-Gymnasium · Zitterstraße. 24 · D 72055 Überallingen_

Datum: _____

**Verhalten unserer Lehrerin / unseres Lehrers**

Sehr geehrte Schulleitung,

In der vergangenen Zeit fiel unsere Lehrerin / unser Lehrer immer wieder durch folgendes Verhalten im Unterricht auf:

O    Er/Sie hat zum wiederholten Mal den Unterricht nicht vorbereitet.

O    Er/Sie hat zum wiederholten Mal die Klassenarbeit nicht korrigiert.

O    Er/Sie hat zu Unrecht eine Schülerin / einen Schüler bestraft.

O    Er/Sie ist sehr nachlässig im Arbeitsverhalten bzw. in der Stundengestaltung.

O    ...........................................................................................................

Wir bitten Sie, dies mit unserer Lehrerin / unserem Lehrer zu klären.

Zu einem Gespräch sind wir gerne bereit. Bitte nehmen Sie mit uns Kontakt auf.

Tel.: ........................                    Email: ....................................

Mit freundlichen Grüßen

✂ ................................................................................................................
Bitte ausgefüllt und unterschrieben in den nächsten Tagen zurückgeben! Nichtzutreffendes bitte streichen!

Euer Schreiben vom .................... haben wir erhalten und den Inhalt zur Kenntnis genommen.
Ein Gespräch unsererseits ist erwünscht/nicht erwünscht und wir nehmen in den nächsten Tagen mit Euch Kontakt auf.

..........................        ...............................        ...............................
Datum                    Name der Lehrerin/des Lehrers        Unterschrift der Schulleitung

Dieser Entwurf ist natürlich reine Phantasie. Das entsprechende, auf Schüler bezogene Schreiben – meine Vorlage – findet man in Schulen. Somit dient das hier abgebildete Phantasieprodukt lediglich einem *Rollenwechsel*

– zum Einfühlen in die Schülerrealität. Es soll hier nicht gewertet werden, ob ein solches Formalisieren gut oder schlecht ist, wieder soll nur die Wirkung betrachtet werden.

Man kann nachfragen: Schüler der Unterstufe finden es „schrecklich", Formulierungen der Oberstufe fallen origineller aus: „Ein Schritt zurück in die Vergangenheit – bald wird die Prügelstrafe wieder eingeführt." Eine Verhaltensänderung wird durch *Angst* erwirkt und nicht in erster Linie aus *Einsicht*.

Angenommen, ein Schüler bekommt einen derartigen „Verhaltens- und Kontrollzettel" mit auf den Weg nach Hause und muss diesen von seinen Eltern unterschrieben dem Lehrer zurückbringen. Das Formular ist eine Art „Einschreiben mit Rückantwort", wobei die Hiobsbotschaft vom Schüler *selbst* überbracht werden muss.

In welche Rolle wird hierbei der Schüler gedrängt? Es lohnt sich, darüber nachzudenken, welche *Rolle* die beteiligten Personen spielen, wenn man die Lust verspürt, einen solchen Zettel in Umlauf zu bringen. Vielleicht wollte es die Mehrzahl der Schüler sogar selbst. Vielleicht die Eltern. In jedem Fall hat auch ein formales Handeln immer eine Wirkung – nach außen, auf Eltern und Gesellschaft gerichtet, wie auch nach innen, auf Schüler, Lehrer und deren Beziehung zueinander.

# Kapitel 5  Schüler bilden Modelle

In diesem Kapitel führen Schüler selbst Regie! Während Kapitel 3 den Versuch unternimmt, den Lehrer als Schauspieler in seiner Wirkung zu verstärken, stehen hier die Schüler im Mittelpunkt. Der Lehrer wechselt von seiner Schauspielerrolle hin zum Theaterpädagogen, der inszeniert, organisiert und Strukturen festlegt.

Es geht um schüleraktiven und schülerzentrierten Unterricht, der kein Material in Form von Folien, Arbeitsblättern oder Versuchsaufbauten benötigt, weil die Schüler *selbst* das Material mitbringen: sich selbst. Es gehört zu meinen schönsten und stärksten Erfahrungen als Lehrer, Theater in den Unterricht nicht nur zu integrieren, sondern als einen möglichen Hauptbestandteil zu begreifen und zu erleben.

## 5.1  Ein Beispiel

hat den Vor- und Nachteil, dass es konkret ist. Folgendes handelt von Physik, und ich weiß, dass man keine Formel in ein Buch schreiben kann, ohne dass die Absatzzahlen zurückgehen. Und vielleicht haben Sie dieses Fach in der Schule als schlimm erlebt. – Lesen Sie trotzdem weiter. Im Abschnitt 7.7 sind viele Beispiele für unterschiedliche Fächer ausgeführt.

### Wärmelehre – Schüler als $H_2O$-Moleküle

Jeder Schüler stellt ein $H_2O$-Molekül dar. Es herrscht eine Temperatur von -273,16 °C – der absolute Nullpunkt. Alles ist starr – kein Atem, kein Augenblinzeln. Die Brennerflamme (der Lehrer) führt ständig Energie zu und erhöht damit die Temperatur auf -263 °C. Die Moleküle sitzen immer noch starr auf ihren (Gitter-)Plätzen, aber die Augen blicken umher. Zwischen -200 °C und -150 °C nehmen die Gesichtzüge und Grimassen zu. Moleküle können nicht sprechen, man hört nur die Temperaturansage. Mit steigender Temperatur bewegt sich immer mehr. Es ist -10 °C. Die Moleküle zappeln auf ihren (Gitter-)Plätzen wild umher. Bei 0 °C stehen zuerst vereinzelt, dann immer mehr Moleküle auf und beginnen sich frei im Raum zu bewegen. Das Verlassen des (Gitter-)Platzes erfordert viel Energie. Erst als das letzte Stückchen Eis geschmolzen ist (der letzte Schüler aufgestanden ist), steigt die Temperatur weiter.

Die Moleküle werden schneller und schneller, stoßen immer häufiger aneinander, bis schließlich bei ca. 100 °C das Wasser zu sieden beginnt.

Aggregatszustände 1

Die kleinsten Teilchen haben genügend Energie, um den Boden zu verlassen, klettern auf den Tisch und sind gasig.

Aggregatszustände 2

## 5.2 Modell und Wirklichkeit

Schließen Sie die Augen und stellen Sie sich ein Wasserstoffmolekül vor. Hatten Sie dieses Bild vor Augen?

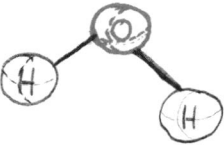

Mir ging es zumindest in meiner Schulzeit so. Heute weiß ich mehr! Hier meine Zeichnung Nr. 2:

Das zweite Modell hat den entscheidenden Vorteil, dass kein Schüler auf die Idee kommt, dass das Wasser *wirklich* so aussieht. Sobald man Dinge nachspielt, hat man bereits *modelliert*, das heißt ein Abbild von der Wirklichkeit entworfen. Das Modell wird so zur natürlichsten Sache der Welt. Jeder weiß, dass Atome oder Moleküle keine Arme und Beine besitzen!

Im letzten Abschnitt wurde eine Schulklasse als Modell eines Festkörpers betrachtet, die Sitzplätze als Gitterplätze. Kein Lernender wird auf die Idee kommen, dass in jedem Festkörper ganz kleine Schüler sitzen, die hin und her zappeln.

Oder stellen Sie sich Elektronen in einem Leiter vor:

Elektronen

Ersetzt man in dieser Darstellung die Figuren durch Kugeln, so wird der eine oder andere doch denken, dass Elektronen Kugeln sind.

Um die Natur zu erklären, machen wir Modelle – Abbildungen von der Wirklichkeit. Außer Gott weiß niemand, wie die Natur wirklich aussieht. Wir schaffen Produkte der Phantasie, nennen diese Modelle und versuchen mit ihnen die Wirklichkeit zu beschreiben. Und weil das so gut gelingt, können wir zum Beispiel das Verhalten von Atomen „verstehen", obwohl noch nie ein Mensch eines gesehen hat.

Schülern passt es überhaupt nicht, wenn man von Modellen spricht. Sie möchten wissen, „ob das jetzt so ist oder nicht!". Wissenschaft beginnt aber mit der Abstrahierung, also mit der Modellierung. Die Gefahr besteht in der Verwechslung von Realität und Modell, und hier beugen Schülermodelle ausgezeichnet vor!

Ein persönliches Beispiel: Wenn ich mir ein Atom vorstelle, sehe ich zuerst immer noch kleine Kugeln, die um einen Kern kreisen – obwohl ich weiß, dass dem natürlich nicht so ist. Der Grund: Es ist das, was mir als *Erstes* beigebracht wurde. Mit der theatralen Betrachtungsweise lässt sich das sehr gut verstehen: Der erste Eindruck, das erste Bild sitzt am tiefsten. Ich habe geschrieben, „was mir *beigebracht* wurde", und nicht „was ich als Erstes *gelernt* habe". Das ist ein wesentlicher Unterschied. Wäre ich selbst auf die Vorstellung eines Atomkerns gekommen, der von Elektronen umkreist wird, hätte ich dieses Modell kritischer hinterfragt.

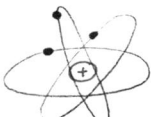

Atommodell in der Schule

Ich aber glaubte der Autoritätsperson, die mir als jungem Menschen das Aussehen der Atome beigebracht hatte, und konnte dabei nicht verstehen, warum das Wasserstoffatom kugelförmig sein sollte, wenn nur ein Elektron darum herum saust. In meiner Vorstellung hätte es platt sein müssen, was sollte ein umkreisendes Elektron auch von seiner Kreisbahn abbringen? Von all meinen Gedanken wusste mein Lehrer wahrscheinlich nichts – was die Sache, von der didaktischen Seite aus betrachtet, eher schlimmer macht. Heute ist mir klar, dass alles nur Modelle waren und sind. Mir ist klar, dass ich mittels weiterer Vorstellungen und Annahmen das Elektron auf eine Bahn bringen könnte, so dass es bei schnellen Umläufen wie eine Kugel aussieht. Und mir ist klar, dass *jede* Vorstellung, die ich mir mache, eben nur *eine Vorstellung* ist.

Bei einem Menschenmodell stellt man sich überhaupt nicht die Frage, ob es sich um *ein Modell* handelt oder um die Realität. Es ist klar!

Atommodell Rutherford

## 5.3 Die Stärken von Schülermodellen

Wahrscheinlich trage ich Eulen nach Athen, wenn ich die Vorteile und die
didaktischen Stärken hier auflise. Ich tue es trotzdem. Mitunter trifft man
auf massives Miss- und Unverständnis, wenn man theatrale Techniken im
Unterricht einsetzt.

Falls Sie in eine solche Situation kommen, so hilft vielleicht eine humorvolle
Betrachtung der Dinge: Tritt man für menschlichen Fortschritt ein, wird
man nie ungeteilte Zustimmung erzielen, und die, die aufgeschlossen sind,
müssen sich meist Unsinn anhören. Macht man etwas Neues, hat man

immer Befürworter und Gegner, macht man nichts, hat man weder das eine noch das andere oder man ist schon tot.

Vielleicht ist jemand mit folgender Auflistung geholfen, sei es, dass sie oder er in einer Leerprobe, einer Lehrprobe oder einer Dienstbeurteilung entsprechende Argumente haben. Ab und an ist es auch hilfreich, den Schülern auf einer Metaebene einige Vorteile darzulegen.

- **Modellierung und Nachempfinden**
  In Abschnitt 5.2 wurden die Stärken der Modellbildung bereits erörtert. Das Nachempfinden, Nachstellen und Nachspielen von Situationen beinhaltet sowohl die Darstellung von Zuständen (Standbilder) wie auch die Darstellung von dynamischen Prozessen. Die Schüler *erleben* die Unterrichtsgegenstände!

Ergänzend die Analogiebetrachtungen zum Beispiel in 5.1:

| Lerngegenstand | Modellierung durch Schüler |
|---|---|
| Molekül | Schüler |
| Gitterplatz | Sitzplatz |
| Brownsche Molekularbewegung | Zitterbewegung der Schüler |
| Schmelzen | Aufstehen (Erhöhen der Lageenergie) |
| Schmelzwärme | Energie, die zum Aufstehen benötigt wird |
| Flüssiges Wasser | Schüler laufen durch den Raum |
| Temperaturerhöhung innerhalb eines Aggregatzustandes | Schnellere Bewegungen (Erhöhung der Bewegungsenergie) |
| Sieden | Schüler steigen auf den Tisch |
| Verdampfungswärme | Energie, um auf den Tisch zu steigen (Erhöhen der Lageenergie) |
| Höherer Gasdruck | Stöße der Schüler gegen die Wände nehmen zu |
| | ... |

- **Aktive Beteiligung aller Schüler**
  Im „normalen" Unterricht spricht fast nur der Lehrer. Die Schüler geben meist Antworten in unvollständigen Sätzen. Der Schüler kann und darf fast nichts tun. Etwas sarkastisch formuliert: „Wenn der Schüler auch fast keinen Einfluss auf den Unterricht und das Tafelbild hat – immerhin darf der Schüler *selbst* von der Tafel abschreiben."
  Vielleicht haben Sie den Schülerslogan zu diesem Thema gehört:
  *„Alle schlafen, einer spricht,*
  *diesen Zustand nennt man Unterricht!"*

Ein Unterricht, der mit Schülermodellen arbeitet, ist etwas völlig anderes.

- **Lernen mit vielen Sinnen – vielkanaliges Lernen**
Wahrscheinlich kennen Sie auch Testverfahren, die die Nachhaltigkeit der Stoffvermittlung überprüfen. In Kürze:
*Sieht man es, vergisst man es – tut man es, behält man es.*
Vielleicht dauern manche Dinge länger, und dadurch kann man nicht so viel Stoff in eine Stunde hineinpacken. Ein Fachleiter meinte einmal zu mir: „Herr Kramer, entscheidend ist – neben allen sonstigen Dingen –, was hinterher herauskommt." Für so wahr ich diese Aussage halte, ich fürchte, dass auf die abprüfbare Stoffmenge angespielt wurde. Erinnern Sie sich noch, wie viel (Unfug) Sie für manche Klassenarbeiten auswendig gelernt haben, um anschließend alles wieder zu vergessen? Woran erinnert man sich? An Besonderheiten? An Dinge, die anders als erwartet abliefen? Vielleicht, dass man mit dem Lehrer einmal draußen war? Das führt zum nächsten Punkt:

- **Ortswechsel sind möglich**
Lernen ist immer auch ein Lernen an Orten. Bei vielen Dingen weiß man noch, wo man sie gelernt hat, an welchem Ort, in welchem Buch, bei welchem Lehrer. „Draußen" ist von den Schülern positiv belegt. Ist das Wetter gut, bietet sich ein Ortswechsel geradezu an. Das Hinausgehen ist keine Zeitverschwendung! Rechnungen, die zu belegen versuchen, dass man dadurch zwei oder drei Minuten Übungszeit verschwendet hätte, blicken meines Erachtens nicht über den Tellerrand hinaus: Dieses Argument verliert sein Gewicht, wenn man den Schüler von einem weiteren Blickwinkel als seinem eigenen Fachunterricht aus wahrnimmt. Diese Aussage unterstreicht den nächsten Punkt:

- **Bewegtes Lernen**
Stellen Sie sich vor, Sie müssten jeden Tag sechs Stunden lang still sitzen. Sechs Stunden, eingesperrt mit 30 weiteren Personen Ihrer Altersgruppe, mit Menschen, die Sie nicht ausgewählt haben, die Sie teilweise mögen, aber auch hassen. Wenn Sie es sich nicht vorstellen können, dann können Sie beispielsweise einen Tag mit einer Klasse mitlaufen.

- Bewegung und auch der Bewegungsdrang ist ein Teil des Menschen. Bei den meisten Unterrichtsformen scheint es, als würde es nur den Kopf des Schülers geben. Schon aus medizinischer Sicht lassen sich leicht Argumente anführen, die gegen ein Ruhigstellen sprechen: Bewegung treibt die Blutzirkulation an und damit steigt der Sauerstoffgehalt im Blut ... und vielleicht noch etwas weiterführend: Äußere Bewegung schafft innere Ruhe.

- **Schüler stehen im Mittelpunkt**
  In Kapitel 3 wurde der Lehrer in seiner Eigenschaft als Schauspieler
  betrachtet. Stets ist dieser im Mittelpunkt: *Er* schreibt an die Tafel, *er*
  ruft auf, *er* gibt die Themen und Zeitangaben vor, *er* steht im Mittelpunkt, *er* redet die ganze Zeit … Nicht jeder Schüler mag stets im
  Zentrum der Aufmerksamkeit stehen, aber sicherlich möchten die
  meisten mitspielen und am Geschehen teilhaben. Dem Bedürfnis
  kann im „normalen" Unterricht entgegengekommen werden: Ein
  Schüler kann zum Beispiel an die Tafel gehen und sich dort präsentieren.

- **Lernzielkontrolle**
  Der Lehrer sieht unmittelbar, wer sich am Unterricht beteiligt und wer
  nicht. Während ein Denkprozess unsichtbar ist, kann das Nachspielen
  hingegen sehr gut beobachtet werden.

- **Gruppendynamische bzw. -fördernde Wirkungen**
  Damit die Gruppe zusammen *ein* Modell bauen kann, muss sie sich
  erstens gegenseitig wahrnehmen und zweitens auch einigen. Die
  Menge an Diskussionsstoff, die entsteht, beeindruckt: Braucht man
  das oder braucht man es nicht? – In der Modellierung tauchen unzäh-
  lige produktive Fragen auf.

- **Selbstständiges Denken**
  Schüler können *selbst* ein Modell entwickeln. Der Lehrer gibt ledig-
  lich Rahmenvorgaben. Die Schüler schreiben dabei nichts von der
  Tafel ab oder lesen im Buch oder lernen es gar auswendig: Sie *tun* es!
  Im Abschnitt 5.4 wird eine praxisbezogene Umsetzung dargestellt.

- **Unmittelbare Einsatzmöglichkeit**
  Letzten Endes entscheidet die Anwendbarkeit darüber, ob eine Technik in der Praxis genutzt wird. Kann man also die theatralen Prinzipien
  sofort und unmittelbar – gegebenenfalls auch ohne Vorbereitung –
  einsetzen? Ist das auch etwas für den „normalen" Lehrer, der vom
  „normalen" Schulalltag schon sehr gefordert ist? Die Antwort lautet:
  ja, genau, das ist eines der besten Argumente für theatrales Arbeiten.
  Das „Material", das gebraucht wird, bringen die Schüler selbst mit, da
  von und aus ihnen *selbst* das Modell gebaut wird.

So weit also das Modellieren von dynamischen, menschlichen Modellen als
eine Methode, die Schüler aktiv den Unterricht gestalten lässt und ein bewe-
gendes Lernen mit allen Sinnen ermöglicht.

# 5.4 Erforderliches zur Umsetzung

## Als Lehrer müssen Sie überzeugt von der Sache sein

Schüler sehen alles (vgl. 3.1). Ein Freund von mir meinte: „Die *riechen* sogar, dass ich heute zwei Stunden weniger geschlafen habe." Es gibt zig Faktoren, die die Wirkung unseres Auftretens beeinflussen. Vielleicht spricht man etwas langsamer, etwas schneller, macht mehr Pausen oder die Frequenz des Lidschlages ist höher ...

Fakt ist: Sie können Ihren Schülern nichts vorspielen. Unsicherheit besitzt eine Qualität – sie kann eine Spannung erzeugen –, aber wenn Sie etwas nicht ernst nehmen, dann sollten Sie es bleiben lassen.

## Der Schüler muss zuvor verstehen, wozu etwas gut sein soll

*„Für den Kindergarten ist das vielleicht ganz gut, aber hier ist man schließlich auf einer angesehenen Bildungsanstalt. Außerdem ist das 'Waldorfzeug', und ich bin auf einer 'normalen' Schule!"* Manchmal sagen Menschen so etwas.

Solange der Schüler nicht weiß, was das Ganze soll, kann man ihm diese Denkweise nicht verübeln. Kein Schüler wird mit Ernsthaftigkeit auf den Tisch steigen, wenn er nicht weiß, wozu das gut ist. Es ist leichter, das Vorgehen auf einer Metaebene mit den Schülern zu besprechen. Auf jeden Fall hilft es den Schülern, die Vorteile dieser Technik zu erklären. Die Argumente wurden in 5.3 aufgeführt.

## Die Schüler müssen es wollen

Ich habe in den seltensten Fällen erlebt, dass die Schüler ablehnten. Schüler möchten in aller Regel etwas ausprobieren und sind offen für Neues. Und wenn sie merken, „dem (Lehrer) liegt etwas an uns", dann sind sie noch offener.

Wenn Sie allerdings Ihre Schüler nicht überzeugen können, zumindest einen Versuch zu unternehmen, dann lassen Sie es. Gegen den Willen der Schüler kommen Sie nicht an! In einem lehrerzentrierten Unterricht können Sie vielleicht mit harter Disziplinierung Herr der Lage werden und den Unterricht bewerkstelligen – hier benötigen Sie die Kooperation Ihrer Schüler.

## Die Atmosphäre muss stimmen

Viele Schüler sind es gewohnt, unauffällig auf ihrem Platz zu sitzen. Manche fühlen sich schon allein durch das Aufrufen des Lehrers gestört. Hinter seinem Tisch kann sich der Schüler verschanzen. Wenn er sich im Raum bewegt, wird er „bloßgestellt". Ob ihm dies etwas ausmacht oder nicht, hängt von der jeweiligen Persönlichkeit ab. In jedem Falle muss der Lehrer für eine Atmosphäre sorgen, die der einzelnen Person einen Schutzraum gewährt. Werden Schüler gehänselt, sollte man abbrechen und lieber in der folgenden Stunde nochmals einen Beginn wagen. In 5.5 werden Warming ups vorgestellt, die förderlich für das Raumklima sind.

## Kleine und einfache Dinge zuerst

Wie lange dauert es, bis Schüler von der Tafel eigenständig und richtig abschreiben können? Und wie lange dauert es, wenn es überhaupt gelernt wird, bis die Schüler einen selbstständigen Heftaufschrieb gestalten können. Vom ersten Lückentext bis zum eigenen Aufschrieb ist es ein weiter Weg.

Es wundert also nicht, dass auch theatrale Unterrichtsmethoden gelernt werden müssen. Die gute Nachricht ist, dass das Erlernen eines Heftaufschriebes um ein Vielfaches komplizierter ist. Trotzdem ist es ratsam, statt z. B. mit der Modellierung eines Fernsehers und dessen Funktionsweise mit „kleineren Dingen" zu beginnen. Schüler gewöhnen sich im Allgemeinen sehr schnell an Neues, aber vielleicht empfindet man als unterrichtender Lehrer ein langsames Vortasten in diese Technik selbst als angenehmer.

Hier einige „kleine" Beispiele:

- Fridolin ist nicht bereit, seine Stromrechnung zu bezahlen. Er hat ja schließlich alle Elektronen, die er vom Kraftwerk bekommen hat, auch wieder zurückgegeben! Keines hat er geklaut!
  Um darzustellen, dass wir nicht für die Elektronen, sondern für die transportierte Energie bezahlen, stellen sich die Schüler als Elektronen auf den Tisch und klettern oder springen herunter. Offensichtlich ist hierbei kein Schüler verloren gegangen (Ladungserhaltung), jedoch haben alle ihre Energie (Lageenergie) abgegeben (Energieentwertung).
  Der Lehrer kann hier schließen oder noch einen Schritt weitergehen: Durch ein paar (körperlich starke) Schüler wird das Kraftwerk vertreten. Um die Wirkungsweise zu zeigen, müssen sie die Elektronen – ihre Mitschüler – auf den Tisch heben.

- Eine Möglichkeit, „Kraft und Masse" zu trennen: Um die Wirkung unterschiedlicher Anziehungskraft bei gleicher Masse zu erleben, stehen alle Schüler auf und setzen sich wieder. Dieser „Normalfall" gilt auf der Erde. Jetzt sollen die Schüler selbiges für Mondanziehungskraft simulieren, dann für den Jupiter. Im ersten Fall ist es ein Hopser, im zweiten ist das Aufstehen ein Gewaltakt.

- Möchte man den Schülern nahe bringen, wie das Leben zur Zeit der französischen Revolution aussah, so können sich diese gegenseitig der Zeit entsprechend begrüßen. Verstärkt wird es durch die Vorstellung, dass damals die Haare gepudert statt gewaschen wurden, die Leute einen schlechten Mundgeruch und Zahnschmerzen hatten. Klare Bilder sind im Theater stets hilfreich.

## 5.5 Warming ups

Theaterarbeit beginnt mit einem so genannten „Warming up". Dieses Lockern von Körper und Geist schafft eine positive Atmosphäre. Ohne ein solches Raumklima, das Vertrauen und Schutz der eigenen Person vermittelt, verpuffen theatrale Methoden in ihrer Wirkung.

Das Warming up des Theaters dauert meist 30 bis 45 Minuten und kann somit nicht eins-zu-eins auf den Unterricht übertragen werden. Es beinhaltet das Loslösen vom Alltag und dessen Problemen, Ruhe finden, sich selbst und die Gruppe wahrnehmen, Spannung und Entspannung, das gegenseitige Ab- und Lockerklopfen, schließlich wird die eigene Kreativität angeregt.

All das kann im Unterricht natürlich nicht in dieser Form stattfinden. Stattdessen finden Sie hier eine Ansammlung von kleinen, für den Schultag praktikablen Warming ups. Bei allen Vorschlägen ist es wichtig, die Schüler vorab zu fragen, ob sie das auch (ausprobieren) wollen. Anderenfalls ist Chaos vorprogrammiert. Es reichen wenige Leute in der Klasse, die etwas Gutes zum Kippen bringen oder ins Lächerliche ziehen. Theater schafft viele Freiheiten und Möglichkeiten, benötigt gleichzeitig aber auch sehr strenge Regeln. Lieber bricht man eine Übung zu früh als zu spät ab! Ist die Ernsthaftigkeit erst einmal verloren, geht gar nichts mehr. Stellen Sie Ihre Klasse vor die Wahl: Die Schüler *müssen* nicht mitmachen, aber *wenn* sie es tun, dann bitte ganz.

### Loslassen vom Alltag

- *Autogenes Training*[1]
  Die Schüler schließen die Augen und sagen sich in Gedanken den Satz: *„Ich bin ganz ruhig!"*

---

[1] Vgl. Querdenker „Schüler motivieren und (reaktivieren)", erschienen 2006 bei AOL in Lichtenau

Dann stellen sie sich vor, diesen Satz mit großen Buchstaben aufzu-schreiben oder zu aufzumalen: *„Ich bin ganz ruhig!"* Zuletzt lesen sie innerlich den Satz an einer Wand: *„Ich bin ganz ruhig!"*
Es folgt die Konzentration auf die Schwere des Körpers. Beginnend bei den Füßen geht man den ganzen Körper durch. Anschließend sucht man die wärmste Stelle am Körper und lässt sie von diesem Ort über den gan-zen Körper ausbreiten. *„Der Körper ist entspannt, schwer und warm!"*
Zum Schluss klatscht der Lehrer in die Hände und sagt: *„Körper fest!"*
Daraufhin werden alle Muskeln im Körper angespannt.
Für manche Schüler mag autogenes Training eine Methode gegen ein „Black-out" in einer Klassenarbeit sein.

- *Atmen*
  Atmung ist etwas, was immer da ist und das – zumindest in unserer Welt – selten bewusst wahrgenommen wird. Dabei können wir nur wenige Minuten ohne Sauerstoff leben! Nun zur Übung:
  Die Schüler schließen die Augen und versuchen, an *nichts* zu denken. Diese Übung ist sehr schwer. Alles soll sich nur auf den Atem konzent-rieren. Zum Gelingen ist es erforderlich, dass der Atem nicht *ge-steuert*, sondern nur *beobachtet* wird. Erst wenn man diese Unter-scheidung umsetzt, tritt mit hoher Wahrscheinlichkeit eine Ruhe und Stille ein, die als angenehm empfunden wird.

- *(Weg-)Atmen*
  Die Schüler werden aufgefordert, tief einzuatmen, kurz inne zu halten und dann sehr langsam den Atem ausströmen zu lassen. Mit dem Aus-atmen werden Sorgen und Probleme weggeblasen.

- *Abstreifen und Wegschütteln*
  Gegenseitiges Abklopfen ist schwierig – zumindest in der Schule. Schon allein wegen der verschiedenen Geschlechter führt es quasi immer zu Chaos. Der Lehrer müsste zuerst auf Tabuzonen eingehen usw. ... Wesentlich einfacher ist es, wenn sich jeder selbst abklopft. Hilfreich ist eine konkrete Vorstellung, z. B. dass Staub oder Schmutz weggeschüttelt und -geklopft werden muss. Der Staub kann die Müdigkeit oder den Ärger darstellen. Zum Schluss schüttelt man die Hände weg vom Körper.

- *Ohrenmassage*
  Falls Sie im Augenblick müde sind, versuchen Sie es: Kneten und mas-sieren Sie beide Ohrmuscheln, ziehen Sie leicht daran. Ein Ohr gleicht einem Embryo, behandeln Sie entsprechend Ihre Ohren. Die Er-frischung hält wenige Minuten lang an.

## Kreatives Fördern – Spannung und Entspannung

- *30 Sekunden Chaos*
  Ein Chaos im Klassenzimmer ist vermutlich genau das, was Sie in aller Regel vermeiden möchten. So störend Chaos ist – schwätzen, schreien, auf Tischen und Bänken tanzen –, so lebendig ist es auch. Das Belebende kann man nutzen: Geben Sie eine Zeit vor und fordern Sie die Schüler auf, *exakt* 30 Sekunden lang Chaos zu veranstalten. Damit alle *exakt* im selben Moment wieder still und konzentriert sind, kann man als Signal beispielsweise das Licht anmachen. Wichtig ist hier der klare Kontrast zwischen Aufmerksamkeit und Chaos. Das Spiel mit den Polaritäten von Spannung und Entspannung ist das Erquickende, nicht das Chaos selbst.
  Klappt die Einhaltung der 30 Sekunden, kann man die Wirkung von Spannung und Entspannung noch verstärken: Auf das Lichtsignal hin wird Chaos und Stille getaktet: 15 Sekunden Chaos – 15 Sekunden Stille – 15 Sekunden Chaos, usw.

- *Exakt dosiertes Chaos*
  Diese Nutzung des Chaos hat nichts mit der obigen gemein. Hier geht es um exakte Steigerung. Innerhalb von zwei Minuten sollen die Schüler von höchster Konzentration zum Chaos gelangen. Vom ersten Seitenblick zum Bleistift kauenden Fenstergucker geht es langsam immer weiter in Richtung Störung und Chaos. Um die volle Bandbreite zu nutzen, sollte man bei einer absoluten Ordnung beginnen: Tische und Bänke stehen rechtwinklig, wie auch Mäppchen und Buch der Tischkante genau folgen. Klappt es mit den zwei Minuten gut, kann man beim nächsten Mal eine längere Zeit vorgeben.
  Die Steigerung ins Chaos hinein weckt auf und holt Menschen aus der Passivität. Natürlich kann man, wenn es erforderlich ist, in andere Dimensionen gehen: Von der Wachheit zur Müdigkeit, von der Konzentration zum Desinteresse, von der Höflichkeit zur Unhöflichkeit. Diese Technik kann auch bei Disziplinschwierigkeiten im „normalen" Unterricht helfen. Man kann sehr gut die Schüler *dort abholen, wo sie sind*. Fallen viele Schimpfwörter im Unterricht, so lässt man die Schüler die Bandbreite von völliger Höflichkeit bis zu völliger Unhöflichkeit durchspielen und in einem zweiten Schritt die Umkehrung, also von der Unhöflichkeit zur Höflichkeit. Wichtig ist, dass man mit dem Zustand, den man erreichen will, endet.

## Wahrnehmung (der Gruppe)

- *Gehen und Stehen*
  Die Klasse geht durch den Raum. Sobald ein Schüler stehen bleibt, bleiben alle unmittelbar stehen. In dem Augenblick, indem der oder

die Erste losgeht, gehen alle Schüler. Ziel der Übung ist es, als *eine* Klasse zu gehen. Alle Schüler zusammen bilden ein einziges Lebewesen. Es gibt kein Individuum mehr: Entweder *die Klasse* läuft oder sie läuft nicht.

Die Exaktheit ist die Würze! Dauert es drei Sekunden, bis alle endlich loslaufen oder anhalten, macht die Übung keinen Sinn. Ein theatraler Ansatz in Form eines Bildes kann helfen: Der Erste, der sich bewegt, wird erschossen!

Durch den Raum gehen

Da die Gruppe das aber nicht will, agiert sie gemeinsam. Startet die Klasse so, dass der Lehrer nicht mehr weiß, *wer* den ersten Impuls gab, ist das Ziel der Übung erreicht.

Natürlich will jeder einmal als Erster anhalten oder starten, das führt in der Regel dazu, dass es kaum mehr zu einem gemeinsamen Gehen kommt. Man kann vereinbaren, dass mindestens 10 bis 15 Sekunden gegangen wird, ehe jemand und somit alle anhalten.

- *Tische rücken*
  Es nervt mitunter, wenn man innerhalb des Unterrichts (beispielsweise bei Gruppenarbeit) eine andere Sitzordnung möchte: Es dauert, es ist laut, es ist chaotisch! Möglich ist es allerdings annähernd geräuschlos in 48 Sekunden.
  Das Vorgehen:
  Alle Schüler sitzen auf ihrem Platz. Der Lehrer gibt eine *klare* Beschreibung, wie die Tische im Anschluss stehen sollen. Beispielsweise kann er eine der Sitzordnungen in Abschnitt 2.1 auf Folie kopieren oder an die Tafel zeichnen. Der Lehrer gibt den Startschuss, schaut sich entspannt das Chaos an und misst die Zeit, bis *alle* Schüler wieder

still dasitzen. In der Regel benötigen die Schüler im ersten Durchgang knapp fünf Minuten, im zweiten Durchgang drei Minuten.

Schaltet man die verbale Kommunikation aus, so klappt die Übung wesentlich ruhiger, konzentrierter und schneller. Für gewöhnlich dauert das Umstellen 40–60 Sekunden. Es ist interessant, dass man durch das Weglassen der scheinbar wichtigen Kommunikationsmöglichkeit schneller und leichter zum Ziel gelangt. Der Verzicht auf Wortwechsel, die offensichtlich für klare Anweisungen genutzt werden („Geh du da rüber!" „He, wir wollen hier durch!" „Platz da!"), beschleunigt.

Wie kommt das? Möchte man das Prinzip verstehen, muss man die Folgen eines Redeverbots betrachten. Darf man nicht mehr sprechen, muss man sich notwendige Informationen für eine gestellte Aufgabe (hier der Transport eines Tisches) auf anderem Wege beschaffen. Man muss sich mehr umschauen und *nimmt wahr*, was insgesamt im Klassenzimmer vor sich geht. Kurz, man ist „offen" für andere „Tisch muss hier durch-Probleme" und sieht nicht nur sein Eigenes: *Jetzt muss nicht mehr unbedingt „mein Tisch" zuerst da rüber, sondern insgesamt müssen „wir als Klasse" die Aufgabe lösen.*

Zeiten unter einer Minute werden möglich, wenn das „Gesamtziel" (hier das Entstehen einer neuen Sitzordnung) von allen als Ziel gesehen wird.

Fast immer, wenn man die Übung zum ersten Mal mit einer Klasse macht, gibt es die Situation, bei der die ganze Klasse auf einen Schüler wartet. Der Letzte ist dabei peinlich berührt und gibt sich Mühe, die Unsicherheit zu überspielen – während alle anderen im festen Glauben dasitzen, schon fertig zu sein, und innerlich ihr gerechtes Urteil über Mr. Letzter fällen: nächstes Mal sollte er sich gefälligst ein bisschen mehr beeilen! Die beschriebene Situation kann jedoch nur auftreten, wenn der Großteil der Klasse nur an *ihren* jeweiligen Tisch und Stuhl und die Tasche denkt.

Hier gilt es umzudenken: Mr. Letzter trägt nicht die Verantwortung für die zusätzliche Zeit, sondern alle. Die Schüler müssen lernen, im Gesamtsystem, in der Gruppe zu denken: Wenn alle sitzen und nur einer am Ende noch 15 Sekunden z. B. seine Tasche aus der anderen Zimmerecke holen muss, so haben *alle* Schüler die Tasche übersehen. Sieht man es aus diesem Blickwinkel, erscheint es absurd, dass die gesamte Klasse, anstatt helfend einzugreifen, sitzen bleibt und nur *zuschaut*. Und die Schuld wird paradoxerweise dem Schüler gegeben, der sich als Letzter setzt. Mr. Letzter „arbeitet" allerdings als Einziger daran, die Zeit zu minimieren! Wenn also irgendjemanden keine Schuld trifft, dann ihn. In unserem Beispiel hätte die Tasche geworfen oder in einer Kette durchgereicht werden können. Die gruppendynamische Wirkung dieses Trainings lässt sich kaum überschätzen. Eine dankbare Vorübung für *Tische rücken* ist die vorhergehende: *Gehen und Stehen.*

● *Fünf Dinge verändern*
  Häufig nehmen wir Dinge gar nicht oder nur oberflächlich richtig wahr. Bestimmt kennen Sie diese Art von Rätseln, die exaktes Beobachten trainieren. Im folgenden Bild sind fünf Dinge verändert worden (vgl. Abbildung S. 132):

Durch den Raum gehen

Die Übung lässt sich vom Papier auf den Raum übertragen. Die Schüler bekommen zwei Minuten Zeit, sich das Klassenzimmer in aller Stille so genau wie nur möglich einzuprägen. Keiner darf jetzt auch nur das Geringste verändern. (Jede Veränderung wird von einem anderen später auch als Veränderung wahrgenommen – das führt zu Missverständnissen.) Wer glaubt, dass er sich alles gemerkt hat, geht vor die Türe. Wenn die gesamte Klasse vor der Türe steht, verändern Sie fünf Dinge im Klassenzimmer. Zum Beispiel können Sie die Beleuchtung verändern, die Tafel etwas höher schieben, den Schwamm an eine andere Stelle legen, den Tageslichtprojektor verstellen und einen Stuhl verrücken. Fordern Sie die Klasse auf, auch weiterhin nicht zu sprechen und die Veränderungen nur für sich selbst zu finden. Wer meint, dass er alle gefunden hat oder keine mehr finden wird, rührt sich nicht mehr. Sind alle Schüler eingefroren, beginnt die Auflösung – ebenfalls schweigend. Ein Freiwilliger macht die Veränderungen rückgängig. Meist wollen die Schüler *erklären*, was anders ist. Die Spannung ist jedoch ungleich größer, wenn unser Freiwilliger auf die Tafel zugeht, und steigt so lange an, bis der Schwamm an der richtigen Position liegt. Je vollkommener die Ruhe, desto stärker die Wirkung und höher die Konzentration der Übung.

## 5.6 Didaktischer Hintergrund

Dieser Abschnitt betrifft mehr die Naturwissenschaften. Der Geisteswissen-
schaftler mag für sich entscheiden, ob er diesen Abschnitt auf sein Fach
übertragen und somit einen Nutzen daraus ziehen kann oder ihn lieber überspringen möchte.

Wir Menschen können die Wirklichkeit nicht verstehen, sondern uns dieser
nur annähern. Wir erschaffen Modelle, Abbilder der Wirklichkeit, um diese
erklären zu können (vgl. 5.2). Mit Hilfe des gefundenen Modells ergeben
sich weitere Fragen an die Wirklichkeit, die dann mithilfe eines Experiments
beantwortet werden.[2]

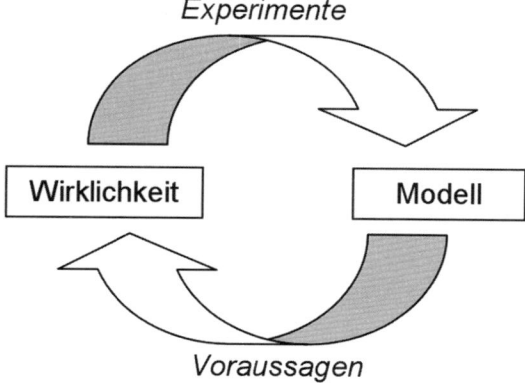

Wirklichkeit und Modell

Die Abbildung soll das Zusammenspiel verdeutlichen: Anhand von Experi-
menten machen wir uns ein Modell, und mit Hilfe dessen versuchen wir
Voraussagen für kommende Experimente zu geben, die wiederum genauere
Voraussagen zulassen, und so weiter – ein stetiges Wechselspiel zwischen
Modell und Wirklichkeit.

Hieraus ergeben sich aus didaktischer Sicht zwei prinzipiell unterschiedliche
Vorgehensweisen.

1.)  Der Stoff wurde bereits mit dem entsprechenden Experiment
     behandelt. In diesem Fall ist es Aufgabe der Schüler, ein passendes
     Modell aus Menschen zu bauen.
     Beispiel: Den Schülern wurde an der Tafel erklärt wie ein Oszillo-
     skop (ein Fernseher) funktioniert. Dann lautet die Aufgabe: Die
     gesamte Klasse soll ein Modell nachbauen (vgl. 8.1). Unmittelbar
     ist klar, ob das Prinzip des Fernsehers verstanden wurde oder nicht.

---

[2]  Das ist eine vereinfachte Darstellung: Streng genommen muss das Ergebnis des Experiments ebenfalls erst interpretiert werden.

Mit Transferfragen kann ein noch tieferes Verständnis geschaffen werden: *„Was würde mit den Elektronen passieren, wenn diese Platte eine umgekehrte Ladung besitzen würde?"* Wenn das Modell steht, kann man viele Fragen spielerisch beantworten. Die Anschaulichkeit macht ja gerade ein Modell zu einem Modell.

2.) Man beginnt mit einer einfachen Modellvorstellung und versucht, Voraussagen für zukünftige Experimente zu gewinnen.
Beispiel: Die Schüler sollen einen einfachen Stromkreis aufbauen, der eine Glühbirne und eine Batterie enthält. Auf natürliche Art und Weise ergeben sich Fragen an das Modell: *„Was ist die Aufgabe der Batterie?" „Was passiert, wenn ein Widerstand in den Stromkreis eingebaut wird?" „Was ist, wenn statt eines Lämpchens zwei eingebaut werden?"* usw. Im Anschluss daran wird ein Experiment entworfen, um die im Modell gefundenen Hypothesen zu überprüfen. Der letzte Richter ist stets das Experiment.

Es ist eine Frage der Didaktik, welche Vorgehensweise man wählt. Allzu scharf kann ohnehin nicht getrennt werden. Ziffer 1.) kann sich leicht zu Ziffer 2.) entwickeln, wenn die Schüler entsprechende Fragen stellen.

## 5.7 Umsetzung von Modellen

Eine mögliche Reihenfolge: Zuerst erklären Sie Ihren Schülern auf einer Metaebene, warum diese Technik sinnvoll ist, und fragen dann die Schüler, *ob* sie das auch wollen. Erst dann brauchen Sie eine freie Fläche, also eine Bühne. Und dann braucht es Konzentration und Stille, ansonsten kann Ihr bestes Konzept ins Lächerliche abrutschen.

Die Schüler erhalten *einmalig* einen klaren Arbeitsauftrag. Ständiges Wiederholen entwertet die Übung, zudem erreicht man andernfalls nur einen Teil der Schüler, wenn man nicht die komplette Mannschaft ihren Modellbau unterbrechen lässt.

Dieser Arbeitsauftrag enthält eine genaue Zeitvorgabe. Eine Stoppuhr in der Hand unterstreicht ihre Einhaltung. Typische Zeiten liegen zwischen einer und drei Minuten. *„Ihr sollt die Funktionsweise eines Fernsehers simulieren. Ihr habt 90 Sekunden Zeit."*

Gibt man zu viel Zeit, fangen die Schüler an zu diskutieren, und es kommt nichts dabei heraus. Sie können auch Gespräche komplett verbieten, der Modellbau läuft ebenso gut ohne Sprache, vielleicht sogar noch besser. So hat jeder die Gruppe viel besser im Auge und merkt, was fehlt. Der gleiche Effekt wurde bei *Tische rücken* (vgl. 5.5) bereits beschrieben.

Die Schüler sollen das Modell selbst finden. Am besten stellen Sie sich abseits und geben nur Zeitansagen. Ein „falsches" Modell bringt oft mehr

Erkenntnis als das vom Lehrer gewünschte. Gerade in der Weiterentwicklung eines Modells liegt die Stärke der Modellierung.

Für einen uneingeweihten Passanten mutet dieser Physikunterricht eigentümlich an:

Arbeisweise eines Fernsehers

Sie sehen hier natürlich nur ein Bild einer dynamischen Szene. Der zugehörige Unterricht bestand aus drei Teilen. In den ersten Minuten wurde an der Tafel der Fernseher erklärt. Niemand durfte mitschreiben, aber jeder nachfragen. Nachdem *alle* Teile in ihrer Funktionsweise geklärt waren, prägten die Schüler sich das Tafelbild ein, eine Minute später wurde die Tafel abgewischt.

In der zweiten Phase wurde das Modell von den Schülern gefunden bzw. gebaut. Und obwohl im Klassenzimmer *alle* Fragen an der Tafel geklärt waren, tauchten hier im Konkreten neue auf: *„Was passiert, wenn die Platten umgepolt werden? Was, wenn beide Platten negativ aufgeladen sind?"*

Wieder im Physiksaal schrieb jeder für sich auf, wie der Fernseher funktioniert. Zum Schluss ging man mündlich noch einmal gemeinsam die Punkte durch, damit niemand etwas Wesentliches in seinem Aufschrieb vergessen hatte.

Im folgenden Abschnitt werden die wichtigsten theatralen Techniken für die Praxis vorgestellt. Obwohl das meines Erachtens zu den wichtigsten Seiten in diesem Buch gehört und das Beherrschen dieser Möglichkeiten grundlegend ist, geht es hier nicht um das Abhaken aller Möglichkeiten in einer Anwendung. Jede Situation erfordert andere Methoden. So macht eine klare Zeitangabe nicht immer Sinn, wie das einführende Beispiel in 5.1 zeigt.

## 5.8 Theatrale Techniken

Dieser Abschnitt stellt das Herzstück zur Anwendung von Schülermodellen dar. Es ist eine Sammlung von Einzeltechniken mit ihren Einsatzmöglichkeiten und Wirkungsweisen.

### Der Gong

Theater ist von Natur aus lebendig. Für eine deutliche Trennung zwischen Aufgabenstellung und ihre Umsetzung (Experimentierphase) ist eine Absprache mit den Schülern notwendig: Wenn der Gong ertönt, wird nicht mehr gesprochen. Eine solche Klangschale erweist sich als äußerst nützlich.

Klangschale

Der Klang ist angenehm, durchdringt selbst einen hohen Lärmpegel, ohne selbst laut zu sein.

Alternativ kann das Licht an- und wieder ausgemacht werden. Zentral ist die Konsequenz: Wenn der Klang ertönt bzw. das Licht an- und wieder ausgeht, herrscht unmittelbar Stille – freeze. In der Regel muss man das zwei- bis dreimal üben. Wenn es nicht klappt, wird abgebrochen.

## Das Modell wird von den Schülern gefunden

Die Schüler führen Regie! Schüler finden (und erfinden) selbst ein Modell. Beide Richtungen sind möglich: von der Theorie zum Modell und vom Modell zur Weiterentwicklung der Theorie.

Die Aufgabe des Lehrers ist ausdrücklich nicht die Modellierung. Er organisiert lediglich den Rahmen eines gruppenpädagogischen Prozesses. Oft ist es gar nicht einfach, *nur* zu beobachten. Verständlicherweise möchte man eingreifen, wenn es bei den Schülern nicht gleich funkt oder man selbst eine vermeintlich bessere Idee im Kopf hat. Es ist schwer, eine solche Pause oder ein vermeintlich falsches Vorgehen auszuhalten. Fast könnte man sagen, der Lehrer ist eben zu sehr daran gewöhnt, die Dinge richtig zu stellen, anzuleiten und zu verbessern. Für manchen mag es kaum auszuhalten sein, den Schülern bei ihren Irrwegen *nur* zuzusehen.

In jedem Fall ist das von den Schülern gefundene Modell stets dem des Lehrers vorzuziehen: Eigenbestimmung ist in der Regel einer Fremdbestimmung vorzuziehen. Sind die Schüler mit ihrem Modell fertig, *dann* kann der Lehrer Fragen stellen. In den meisten Fällen ist das allerdings nicht nötig, da die Schüler von selbst die „richtigen" Fragen stellen.

## Grundregel: Die Klasse macht etwas, ohne zu sprechen

Sobald gesprochen wird, verlagert sich die Aufmerksamkeit auf das Wort. Viel wichtiger sind jedoch die Wahrnehmung und das Offensein des Einzelnen für die gesamte Klasse. Eine Übungsmöglichkeit ist das *Tische rücken* (vgl. 5.5) von einer Sitzordnung zur anderen, einmal mit Redeerlaubnis, einmal ohne. Letzteres geht schneller. Die Grundregel ist nicht starr zu verstehen. Mitunter ist es phantastisch, wie die Schüler sich nach der Modellierung austauschen, diskutieren und nach weiteren Möglichkeiten suchen. Allerdings führt das Reden bei der Einführung vermutlich zu gar nichts.

Ein weiterer Vorteil des Redeverbots: Die „Schreihälse" kommen nicht als Erste zum Zug. Durch das Schweigen entstehen oft neue (nonverbale) Situationen, die sonst „versteckte Schüler" in den Vordergrund bringen.

## Freeze

Klatscht der Lehrer in die Hände, so gefriert alles schlagartig – alles ist im Zustand „freeze". Keiner regt sich mehr, der Film bleibt stehen, im Raum befinden sich erstarrte Wachsfiguren.

Je klarer das Umschalten auf „freeze" geht und je starrer das Innehalten, desto größer die Wirkung. Möchte man diese Technik verwenden, muss sie eingeübt werden. Zuerst wird sie nicht recht funktionieren: Wenn erst in fünf Sekunden alles zum Stillstand kommt, fehlt etwas. – Was fehlt? Das muss man ausprobieren, erlebt und gesehen haben! Klatschen – Schrecksekunde – stopp. Mitunter entstehen so eindrucksvolle Bilder, dass ich die Schüler auffordere, sich vorsichtig umzuschauen, um dieses Standbild zu genießen.

Im „Freeze" kann nun der Lehrer umhergehen und die Schüler mit oder ohne ein imaginäres Mikrophon befragen. Ein Beispiel: 5.1 – *Schüler als* $H_2O$*-Moleküle*. Hier kann der Lehrer während des Auftauvorganges klatschen. Zur Erinnerung: Bei $0\,°C$ stehen zuerst vereinzelt, dann immer mehr Moleküle auf und beginnen sich frei im Raum zu bewegen. Hier wurde ein Schüler während des Aufstehens durch das Klatschen angehalten.

Mikrophon

Der Lehrer kann nun den Schüler fragen, was er gerade im Modell macht. *„Ich wechsle meinen Aggregatszustand!"* könnte die Antwort lauten.

„Freeze" ist eine Möglichkeit, einen Vorgang zu unterbrechen. Er kann sowohl für ein Interview mit einem $H_2O$-Molekül verwendet werden wie auch für Lehrererklärungen: Man spielt alles durch, und an wichtigen Stellen erklärt der Lehrer, mitten im Modell stehend, einen Sachverhalt.

## Nichts zerreden – erst spielen, dann „hirnen"

Der Mensch – zumindest in diesem unserem Lande – tendiert dazu, meist viel über etwas zu reden, und weniger, es zu tun. Fast immer diskutieren die Menschen über etwas, statt es praktisch auszuprobieren. Man sollte nicht hirnlos auf etwas drauflosstürzen – auf der anderen Seite kann man nichts entscheiden, was man nicht probiert hat. Eine Sitzordnung kann man lange besprechen – bevor man nicht darin gesessen hat, kann man nur schwer vernünftige Aussagen machen. Und schließlich ist die Geschichte der Wissenschaft eine Geschichte von „trial and error".

## 30 Sekunden, um eine Idee zu retten

Jeder weiß es: das gesprochene Wort kann Welten erschaffen. Hingegen wird oft die zerstörerische Wirkung des Wortes nicht bedacht. Als Beispiel möchte ich mit Ihnen dieses Kapitel auf einer Metaebene betrachten: Wie finden Sie dieses Kapitel? Meine Antwort: *„Ich finde dieses Kapitel eines der besten in diesem Buch! Dieses Beispiel hier versteht vielleicht nicht* *jeder, da es eine etwas unübliche Betrachtungsweise beinhaltet, jedoch sind die Beispiele insgesamt sehr gut. "*

Nachdem Sie meine Antwort gelesen haben, können Sie mir entweder zustimmen oder nicht zustimmen. Allerdings werden Sie sich schwer tun, *jetzt* eine eigene Aussage zu treffen. Mit einer Aussage wird ein Anker geworfen – hieran wird man sich orientieren. Ähnliche Situationen ergeben sich häufig im Alltag. Oft bitte ich im Gespräch mein Gegenüber um eine kurze Pause, um mir selbst erst ein *eigenes Bild* von dem Gesprächsgegenstand zu machen.

Ankerprinzipien spielen im Unterricht häufig eine Rolle: Der Lehrer stellt eine Frage, und nach wenigen Sekunden wird von *einem* Schüler ein Lösungsansatz genannt. Wohl dem Schüler, der die Antwort verschlafen hat, denn er hat noch die Chance, unvoreingenommen auf einen ganz eigenen Lösungsansatz zu kommen. Der zuerst genannte Lösungsansatz, das erste gesprochene Wort zerstört also die Ideenbildung der Mitschüler. Diese Technik lässt sich mit Gruppenarbeit kombinieren. Vgl. hierzu den weiter unten beschriebenen „Info-".

Unterbindet der Lehrer die Kommunikation für 30 Sekunden, nachdem der Arbeitsauftrag gegeben wurde, umgeht er das Ankerprinzip. Theaterpädagogik geht bei Gruppenregie noch weiter: Hier wird – ohne Diskussion – jede Idee sogar aufgeschrieben. Ist die Idee erst einmal im Kopf oder auf einem Stück Papier, so kann man meist später noch darauf zurückgreifen. In Abschnitt 2.5: *Eine Ouvertüre vor dem Klassenzimmer* wird dieses Prinzip noch räumlich verstärkt, indem der einzelne Schüler erst dann den Raum betritt, wenn er eine Idee im Kopf hat.

Diese 30-Sekunden-Technik ist auch im „normalen" Unterricht ein Segen, vor allem für Mädchen, die meist erst eine Antwort im Kopf ausformulieren und somit mehr Zeit für einen mündlichen Beitrag brauchen als tendenziell die Jungen, die einfach drauflosreden. Vielleicht ist das mit ein Grund, warum Mädchen in gemischten Klassen oft schlechter in den Naturwissenschaften abschneiden.

## Info-Fluss in den Farbsee

(Die folgende Methode ist dem Buch „Schüler motivieren und (re)aktivieren" (Martin Kramer, AOL 2006) entnommen. Sie stellt eine Anwendung der Standbildmodellierung für den „normalen" Unterricht dar.)

Hier wird eine Technik vorgestellt, die sowohl die Einzelarbeit als auch die Gruppenarbeit nutzt. Jede Gruppe erhält eine eigene Farbe, daher der Name Farbgruppen. Es ist hilfreich, wenn die Schüler zu Beginn nicht in ihrer Gruppe zusammensitzen.

Der Lehrer stellt eine offene, schwierige Frage, die diskussionswürdig ist. Beispiele:

- *„Wie sieht das Schaubild zu f(x) = 2 x² - 3 aus?“* (Klasse 9, Normalparabel wurde schon behandelt.)
- *„Was ist der zentrale Satz, die zentrale Aussage in diesem Kapitel?“*
- *„Welches Urteil sollte der Richter sprechen? Begründe!“*
- *„Was war positiv in unserem Unterricht, was negativ?“*
- *„Wie kann man hier (geschickt) weiterrechnen?“*

Vorerst bleiben die Schüler an ihrem Platz und bekommen ein bis zwei Minuten Zeit, sich Gedanken zur Aufgabe zu machen und Lösungsansätze zu entwickeln. Es wird nicht gesprochen, bis die Schüler in ihrer Gruppe sitzen.

Diese Phase ist für die Gruppenarbeit sehr wichtig, da die Schüler schon beim Thema sind, wenn sie sich treffen. Es entsteht kein Leerlauf! Ein weiterer Vorteil ist, dass nicht der erste Gedanke bearbeitet wird, sondern dass schon zu Beginn eine Vielzahl an Gedanken in der Gruppe sind. Es fließt also Information in den Farbsee (= Gruppe).

Info-Fluss zum Farbsee

Wenn der Lehrer in die Hände klatscht, gehen die Schüler in ihre Farbgruppe und diskutieren ein Ergebnis aus. Der Lehrer zeichnet in dieser Zeit ein Mindmap mit den entsprechenden Farbzweigen an die Tafel. Die Schüler erhalten ein Zeitlimit, um zu einem Ergebnis zu kommen. Steht das Ergebnis bei den Schülern fest, so sollen sie ihr Ergebnis in ihrer Farbe an die Tafel schreiben (Lernzielkontrolle).

## Exaktheit

Modelle bauen ist kein Kinderspiel. Ein Modell wirkt umso stärker, je genauer es gebaut ist. Die Atmosphäre im Raum verwandelt sich schlagartig, wenn jeder Schüler seine Rolle exakt spielt. Ich bin der Meinung, dass erst dann die Tragweite des theaterpädagogischen Prinzips verstanden und erfahren werden kann. Eine gute Übung hierzu ist das *Gehen und Stehen* (vgl. 5.5).

Die Aufforderung, sich in der Exaktheit zu üben, ist eine Methode, um Disziplin herzustellen. Vor allem in der Einführungsphase gibt es mitunter Disziplinschwierigkeiten. Die Schüler laufen einfach drauflos, finden es kindisch, machen vielleicht eben gerade so mit, sind dementsprechend unterfordert und beginnen zu stören.

*„Das Nachstellen von Modellen ist mir ernst, sehr ernst. Ich möchte sehen, dass ihr exakt seid! Sehr exakt! Bitte keine Schlamperei! Wenn nur wenige von euch unpräzise sind, geht die Wirkung verloren."*

*„Ich möchte nicht, dass ihr einfach drauflosgeht. Ich möchte, dass ihr nachdenkt, warum ihr dieses macht und nicht jenes. Warum haltet ihr den Arm so und nicht anders, warum wählt ihr diese Geschwindigkeit und diese Körperhaltung? Je mehr ihr euch Gedanken macht, desto mehr beginnt ihr zu begreifen."*

## Standbilder

Manchmal ist ein bewegtes Spiel nicht so wirkungsvoll wie ein Standbild. Ein Standbild besteht aus einer oder mehreren Personen, die eine klare Situation bzw. Haltung festhalten. Man vergleiche etwa ein Wachsfigurenkabinett.

Der Anwendungsbereich ist sehr groß. Die Thematik *steht* im Raum. Durch das Nachstellen glückt auch das Nachempfinden wesentlich leichter.

Ein Beispiel soll diese Technik ausführlicher und konkreter aufzeigen: Eine kleine Gruppe (drei oder vier Schüler) sollen ein Standbild zum Thema *Mobbing* anfertigen. Zuerst herrscht in der Gruppe völliges Redeverbot. Das völlige Redeverbot ist extrem wichtig: Beginnen die Schüler hier zu sprechen, so reden sie erstens, statt etwas zu tun, und was wesentlich schlimmer ist: das erste Bild, das einer in der Gruppe von *Mobbing* hat, wirft den Anker. So sieht vielleicht ein Schüler Mobbing in der Ignorierung, während ein Mitschüler eine Szene mit körperlicher Gewalt gefunden hätte, jetzt aber nur noch über das Ignorieren nachdenkt. (Vergleiche das in diesem Kapitel beschriebene Ankerprinzip in *30 Sekunden, um eine Idee zu retten*).

Nachdem jeder Schüler eine Idee entwickelt hat, beginnt einer mit der Modellierung der Figuren. Das bedeutet, dass bis auf den Künstler alle passiv sind und sich wohlwollend verformen lassen. Hierbei ist auf Exaktheit zu achten: Wohin schauen die Augen, wie ist die Körperhaltung, wie der Gesichtsausdruck, die Körperspannung? Wo sind die Auflagepunkte am Boden, Hände, Beine, Füße, Ellenbogen, Finger ...?

Hat man Zeit und Lust, mit einer Klasse tiefer einzusteigen, bietet sich hier eine Übung zur Exaktheit an: Drei Schüler gehen zusammen. Einer nimmt eine bestimmte Körperhaltung an, der zweite schließt die Augen, und der dritte modelliert so lange die zweite Figur, bis sie der ersten exakt gleicht. Die Übung erfordert Vertrauen und ist sicher nicht in allen Gruppen möglich. Wahrnehmung und Beobachtungsgabe werden ungeheuer geschult. Im Schullandheim kann man so etwas vergleichsweise besser einüben als innerhalb der in 45 Minuten getaktete Stoffverteilungspläne, die unter der Rubrik Schulstunde bekannt geworden ist.

Direktes Anfassen und Berühren der Figuren ist einfacher und hat den Vorteil, dass die Figuren die Augen schließen können, um nicht eine „falsche Hilfe" durch eigenständiges Verformen zu geben. Andererseits ist Körperkontakt in einer Schulklasse meist problematisch: Hierzu bedarf es ein hohes Maß an Vertrauen, ein noch höheres, wenn man sich blind modellieren lässt. Möchte man auf das direkte Formen nicht verzichten, sind Tabuzonen zu klären. Gleichgeschlechtliche Gruppen sind einerseits von Vorteil, lassen allerdings auch nicht mehr alles darstellen, da z. B. im Fall *Mobbing* einige Möglichkeiten auf der Beziehungsebene Frau und Mann dadurch wegfallen.

Alternativ kann man die Figuren mit imaginären Fäden bearbeiten. Das verhindert den direkten Körperkontakt, erschwert aber die exakte Modellierung. Diese Methode soll jedoch nicht als zweite Wahl dargestellt werden. Zwar müssen hier alle Augen geöffnet sein, aber das Spiel mit den Fäden besitzt einen eigenen Reiz. Hier ist die Figur eine Art Marionette.

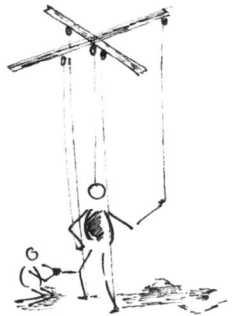

Marionette

Doch zurück zum direkten Modellieren: Ist der Künstler schließlich mit seinem Werk zufrieden, so baut er sich als letzte Figur in das Standbild ein. Erst wenn das Bild komplett ist, beginnt der zweite Künstler mit der Umsetzung *seiner* Standbildidee. Und erst nachdem alle in der Gruppe an der Reihe waren, wird gesprochen. Jetzt wird aus allen Ideen ein gemeinsames Standbild gebaut. Hierzu muss sich die Gruppe einigen. Zum Schluss werden die Gruppenstandbilder der Klasse vorgestellt.

Themen für Standbilder gibt es fast unendlich viele. Hier ein paar Beispiele als Anregung, um eigene zu finden:

- Familie vor 100 Jahren, Familie heute, Familie in 100 Jahren (das sind gleich drei Standbilder)
- Unterdrückung
- Gewalt in der Schule
- Unterricht
- Einsamkeit
- Verliebt?
- Meine Beziehung zur Mathematik
- Das ist (auch) Schule!
- Unrecht
- ...

Noch ein paar didaktische Bemerkungen: Die Modellierung benötigt Zeit. Denken Sie jedoch handlungsorientiert statt ergebnisorientiert, empfinden Sie diese Zeit als sehr sinnvoll eingesetzt. Das Modellieren geschieht äußerlich wie auch innerlich: Es passiert ja etwas mit dem Schüler. Geist und Körper beschäftigen sich mit dem Thema. Neben dem Vorgang des Modellierens wirkt auch das Standbild sehr stark: In dem Beispiel kann man Mobbing so fühlbar machen. Durch Tausch der Rollen (hier zum Beispiel von Täter und Opfer) kann man verschiedene Sichtweisen nachempfinden und dadurch verstehen und Lösungsmöglichkeiten entwickeln.

# Kapitel 6  Figurentheater

Mögen Sie Comics? Schauen Sie sich die folgenden Figuren an: Sie erinnern an Comics – finden Sie nicht? Wie dem auch sei: Ob Comicfigur oder Plüsch-tier – in jedem Falle sind diese Figuren positiv belegt. Erinnerungen aus der Kindheit tauchen auf, der Spieltrieb wird geweckt, das Schulbuch wird zugunsten einer anderen Welt verlassen: einer Welt, an die man sich gern erinnert, die mit Leben angefüllt war, in der der Phantasie keine Grenzen gesetzt wurden. Eine Landschaft der Ideen und Träume wird zurückgeholt! Oder haben Sie etwa Schwierigkeiten, in folgender Abbildung einen Dra-chenflieger im Landeanflug zu erkennen?

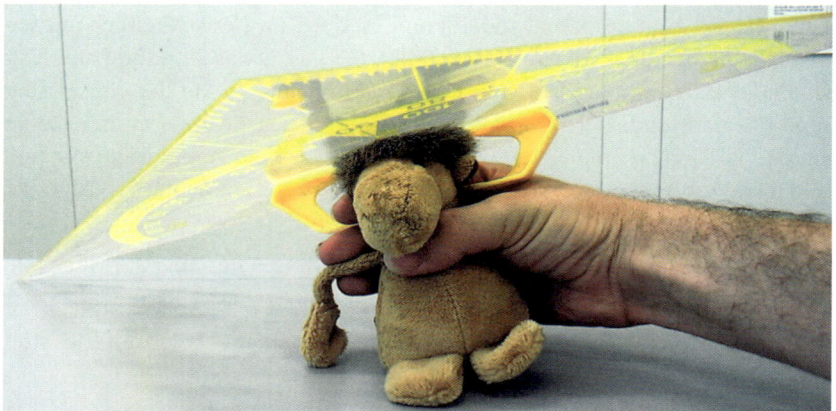

Fridolin als Drachenflieger

Genauso schnell erkennen Sie in nachstehender Abbildung Fridolin, der in seinem Boot den Fluss herunterpaddelt (vgl. Abschnitt 6.1).

Dieses Kapitel soll die Trag-weite des Figurentheaters auf-zeigen und damit eine neue Dimension von Unterricht. Es ist eine der stärksten Techni-ken, wenn man hier überhaupt noch von Techniken sprechen kann.

Fridolin im Boot

## 6.1  Ein dankbarer Trottel, der Fragen stellt

Einer, der sich traut, falsche Hypothesen aufzustellen, idiotische Theorien zu verteidigen und keine Frage scheut: der Held Fridolin. Es ist von Vorteil, einen solchen im Unterricht dabei zu haben, noch dazu einen, der in die Schultasche passt und der immer nur dann herausgeholt wird, wenn er auch gebraucht wird! Ein Beispiel:

*Wofür bezahlen Sie eigentlich ihre Stromrechnung? Fridolin hat nachgezählt: Jedes einzelne Elektron, das ihm das Kraftwerk geschickt hat, hat es auch wieder zurückbekommen. Keines, wirklich keines hat er weggenommen! Fridolin rät: Lassen Sie sich also nicht veräppeln, bezahlen Sie ja keine Stromrechnung!*

Neben seiner Fähigkeit, im richtigen Moment die passende Frage zu stellen, ist Fridolin auch ein Lebewesen, das geduldig zuhört. Er ist *der* Ansprechpartner und hört als Dritter immer mit. Kein Schüler wird bloßgestellt, Fridolin macht die Rolle eines Trottels nichts aus. Und er wird geliebt … Hier stellt sich natürlich

Fridolin: „Elektronen, wem Elektronen gehören!"

die Frage: Wer ist dieser Fridolin überhaupt? Das führt zwingend ins nächste Unterkapitel.

## 6.2  Welche Figur? Rollenbiographie einer Figur.

Wer ist geeignet? Wodurch zeichnet sich Fridolin aus? Wieso hat er die Hauptrolle bekommen?

Vor ein paar Jahren habe ich Fridolin für 50 Cent auf einem Flohmarkt gekauft. Er stand in einer Reihe mit zig anderen Figuren, und ich holte mir auch fast den ganzen Zoo. Fridolin hatte einen Vorteil gegenüber seinen Konkurrenten: Er kann allein stehen, man muss ihn nicht halten. So kann man ihn irgendwo hinsetzen und im Unterricht fortfahren. Lassen Sie mich einen Moment den Verkäufer spielen, der Sie im Figureneinkauf berät:

- Die Figur sollte Handgröße haben: groß genug, dass man sie nicht mit einem Schlumpf verwechselt, klein genug für die Tasche und für die später noch vorgestellte Tafelarbeit – kurz: 10–15 cm hoch!

- Die Figur sollte positiv belegt sein, also keine „dunkle Seite der Macht" aus Krieg der Sterne, sondern Meister Yoda. Ich gab einem Plüschtier gegenüber Plastikfiguren wie zum Beispiel Playmobil den Vorzug, da man mit Playmobil zwar spielen, Fridolin aber lieben kann.

Fridolin winkt                          Meister Yoda

- Wie oben erwähnt, sollte die Figur allein stehen können. Meister Yoda in obenstehender Abbildung rechts hat den Nachteil, dass er sehr leicht umfällt. Um beim Körperbau zu bleiben: Die langen Arme Fridolins lassen viele Möglichkeiten zu: so kann man ihn besser befestigen und aufhängen oder zum Beispiel Zeltstangen tragen lassen.

Fridolin mit Zeltstangen

So weit zu den „kaufbaren" Eigenschaften unseres Helden. Zuerst bekommt die Figur einen Namen. Fridolin ist nicht irgendein Plüschtier, nein, er ist *Fridolin*. Durch die Taufe wird er erst ansprechbar. Statt „Könnte die Figur nicht auch …" heißt es mit Namen viel direkter: „Könnte Fridolin nicht auch …". Er wird also zur Persönlichkeit, zum Gegenüber, z. B. zum „dankbaren Trottel, der Fragen stellt". Bleiben wir beim „Trottel": Suchen Sie sich einen Namen aus, der so ausgefallen ist, dass es ihn nicht gibt. Nennen Sie ihn Klaus oder Christian, wird es irgendwann einen Vergleich mit Schülern geben. Ich empfehle auch keinen weiblichen oder ausländischen Namen. Stellen Sie sich vor, Fridolin fährt Auto und baut einen Unfall (eine typische Anwendung für Figurentheater im Unterricht), dann kommt sicher irgendjemand in der Klasse zu dem Schluss: „Frau am Steuer!" „Dummes Mädchen!". Daher eignen sich Namen wie „Bert", „Hägar", „Felix Funke", „Ferdinand", aber auch von Größen aus der Vergangenheit, Götter- oder Märchenwelt wie „Sokrates", „Apollo" oder „Meister Yoda".

Der Name reicht für die Ansprechbarkeit. Interessant und spaßig wird es mit der Ausarbeitung der Rolle: die Rollenbiographie. Je mehr Persönlichkeit die Figur besitzt, desto leichter werden ihr die Schüler im Unterricht folgen. Weiß man z. B., dass Fridolin Flugangst hat, bekommt der Drachenflieger in der Einleitung eine emotionale Dimension. Damit ist ein „Lernkanal" mehr angesprochen (vielkanaliges Lernen).

Im Theater besitzt jede Figur eine Geschichte. Sie hat nicht nur einen Namen, sondern auch Freunde und Feinde, Vorlieben für Kleider, Ängste und Sorgen. Eine Stärke des Figurentheaters liegt darin, dass man sich *in die Figur hineinversetzen* kann, dass also der Zuschauer sich mit der Figur identifiziert und einen Wechsel seines Standpunktes vornimmt. Und das gelingt umso besser und leichter, je mehr die Figur an Persönlichkeit gewonnen hat. Wir kommen im nächsten Abschnitt darauf zurück.

Figurentheater ist ein sehr weites Feld. Und es tut mir leid, dass ich hier diese Form des Theaters auf Plüschtiere und Playmobilmännchen reduziere. Handpuppen und Marionetten sind ebenfalls nur ein kleiner Teil der Spielwiese. Wenn das alles nichts hilft, so möchte ich die Figurenspieler hier um Nachsicht bitten, dass ich im „Kleinen" bleibe und mich auf den Unterricht beschränke. Hier möchte ich einen Tipp geben, der ebenfalls aus dem Figurentheater „entliehen" ist:

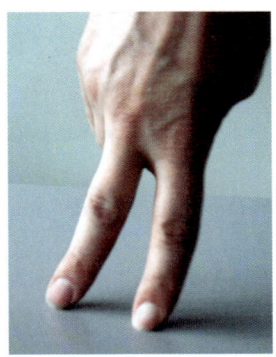

Minimalismus – eine Hand
ist auch schon eine Figur

## 6.3 Einsatzmöglichkeiten

Je mehr der Schüler in den Unterricht mit einbezogen wird, desto besser
wird er sich Dinge merken können. Damit erhält in der Regel das Schüler-
theater gegenüber dem Figurentheater den Vorzug. Im ersten Fall ist der
Schüler Teil des Modells, im zweiten hingegen ist er lediglich ein mitfühlen-
der Zuschauer. Allerdings hat das Figurentheater ganz andere Möglichkeiten – Möglichkeiten, die mit „Schülertheater" oder „Realtheater" nicht
gegeben sind.

### Tafelarbeit mit der Figur

Mit einer 10 bis 15 cm großen Figur ist Tafelarbeit möglich. Durch den Helden werden Skizzen lebendig. Hier im Beispiel läuft Fridolin mit verbunde-
nen Augen einen Berg hoch. Die Frage stellt sich ganz natürlich: Woran
merkt er, dass er oben ist?

Veranschaulichung der Ableitung

Die Antwort ist *anschaulich*: Wenn keine Steigung mehr da ist. Es ist
erstaunlich, wie einfach mit einem „blinden Helden" in ein komplexes und
abstraktes Gebiet wie das der Differentialrechnung eingeführt werden
kann. Fast die gesamte Differentialrechnung lässt sich hiermit erklären. An
dieser Stelle möchte ich allerdings keinen Leser durch zu viel „Mathematik"
verlieren. Es sei daher auf Abschnitt 8.4 verwiesen.

## Standpunktwechsel

Wasser. Sie trinken es und baden darin und verbinden mit dem Element bestimmte Erfahrungen und Erinnerungen. Stellen Sie sich die Welt aus der Perspektive eines kleinen Käfers vor, oder besser noch: Seien Sie selbst eine Ameise. Plötzlich leben Sie in einer Welt, in der Sie – dank der Oberflächenspannung – Wasser *tragen* können. Oder stellen Sie sich vor, Sie wären so groß wie Fridolin: Eine Treppe wäre für Sie ein unüberwindbares Hindernis.

Einfühlung in Größenverhältnisse: Für Fridolin ist die Treppe ein unüberwindbares Hindernis

Statt Standortwechsel kann man das Einfühlen in die Figur auch einen Bezugssystemwechsel nennen. So findet Fridolin als Außenstehender andere Kräfte bei einer Karussellfahrt, als wenn er selbst drin sitzt.

Noch ein weiteres Beispiel zur Tafelarbeit:

Natürlich können Sie nach den Kräften fragen, die an einer Straßenlampe angreifen. Unmittelbar klar wird es, wenn Sie sich mit Hilfe von Fridolin in die Lampe hineinversetzen.

Kräfteparallelogramm mit Figurentheater

Die Schnüre sind mit Knete befestigt. Wenn Sie Fridolin einen Gürtel anziehen und diesen an einem Magneten befestigen, so können Sie ihn auf Magnettafeln beliebig platzieren und verschieben. Es gibt auch im Handel Figuren mit magnetischen Händen und Füßen.

Figurenarbeit

Je mehr Rollenarbeit mit der Figur geleistet worden ist, desto weiter und leichter folgen ihr die Schüler. Man kann sogar eine eigene Sprache für die gewählte Figur wählen. *„Nicht umschauen du sollst, schreiben soll in Klassenarbeit führen dich!"* – Nicht umsonst besitzt die Sprache von Meister Yoda eine eigenwillige Grammatik.

## Ausschalten von bestimmten Sinnesorganen

Das Hineinversetzen in eine andere Lage oder in eine andere Person kann auch die Ausschaltung von Sinnesorganen sein. Wie würden wir die Welt wahrnehmen, wenn wir nichts mehr riechen könnten?

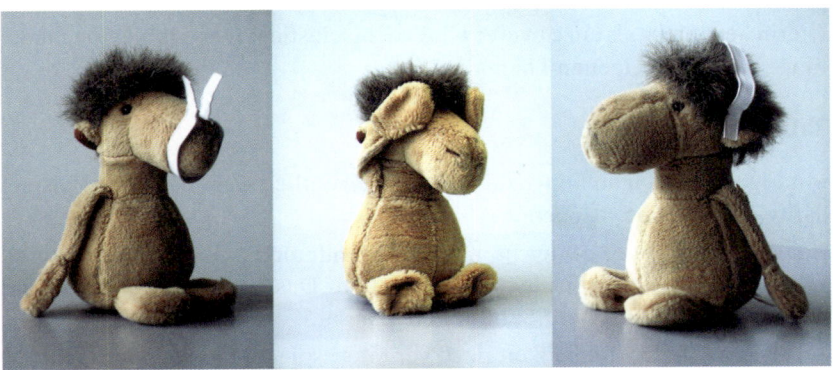

Ausschalten von Sinnesorganen

Natürlich kann man sich auch ohne Fridolin Gedanken machen, wie die Welt ohne das Riechen aussehen würde. Aber dieses „Standbild" einer zugeklemmten Nase stimuliert die Gedanken, und man kommt auf mehr Ideen: So ist unser Held in Erstickungsgefahr, wenn Gas ausströmt, und leider schmeckt ihm kein Essen mehr so richtig. Ebenso kann der Sehsinn und das Gehör ausgeschaltet werden.

## Ein Held, der Gefahren durchlebt

Sind Sie schon einmal aus einem Flugzeug gesprungen? Vielleicht haben Sie sich in Bungee-Jumping versucht? Oder können Sie sich vorstellen, bei einer Temperatur von -58°C einen Spaziergang zu machen oder eine (todbringende) Hochspannungsleitung anzufassen? Diese Dinge sind für „Realtheater" einfach zu gefährlich!

Eingefroren

Der Schüler identifiziert sich bewusst oder unbewusst mit der Figur, d.h. er durchlebt die Situation selbst stellvertretend mit. Wie in einem Computerspiel durchläuft der Held Gefahren, ja noch mehr, man selbst ist der Held, der in Gefahr schwebt. Beobachten Sie Menschen beim Computerspiel in der Wortwahl: Die Identifikation mit dem Helden ist schon so weit, dass der Spieler mit „*ich* muss ..." antwortet, wenn der Held in Gefahr ist.

Die Identifikation mit der Figur ist umso stärker, je mehr Rollenarbeit mit
der Figur geleistet wurde. Weiß der Zuschauer zum Beispiel, dass Fridolin
Höhenangst hat, folgt er interessierter der wissenschaftlichen Abhandlung
eines Bungeesprunges, der Ausgang wird für ihn (gemeint ist hier sowohl
Fridolin als auch der Zuschauer) existentiell: Überlebe ich den Sprung oder
ist das Seil zu lang?

Hierin liegt mehr als ein cleverer Unterrichtseinstieg: Der Schüler macht die
Frage zu *seinem* eigenen Thema!

### Tabuthemen

Mit Figuren darf man Dinge tun, die man eigentlich nicht darf. Ein Beispiel
dafür zeigt die untenstehende Abbildung.

Bei Konflikten ist es oft leichter, seinen Standpunkt anhand einer Figur zu
verdeutlichen, es wird nichts ausgesprochen. Das Spiel ersetzt hierbei die
verbale Sprache und stellt Situationen klar dar.

Auch wenn diese Möglichkeit dazu verleitet, spielen Sie nicht den Hobby-
psychologen. Die Darstellung einer Sache ist eines, der Umgang mit dem
„zutage Gebrachten" ein zweites. Ohne Zweifel kann man mit diesen
„harmlosen Figuren" Dinge in Bewegung setzen, mit denen man nicht mehr
fertig wird. Nicht umsonst findet sich die Arbeit mit Figuren in einigen The-
rapietechniken wieder.

Genug der Warnung: Betrachten Sie noch
einmal das gefesselte Männchen – wenn es
im Raum steht, dann drückt es „nur" durch
sein bloßes Dasein Ungerechtigkeit aus.
Legen Sie noch ein Vesperbrot daneben, so
verschärfen Sie die Wirkung.

„Was ist unsere Rolle in diesem Bild?" könnten Sie fragen. Oder Sie könnten auch nonverbal weitere nicht gefesselte Figuren im
Halbkreis darum aufstellen.

Gefesseltes Männchen

## 6.4 Die Bühne

Die dargestellten Situationen sollten gut ersichtlich sein. Findet beispielsweise eine Diskussion statt, so kann ein kleines gefesseltes Playmobilmännchen in der Mitte des Raumes eine große Wirkung erzielen. Vergleichen Sie
auch die verschiedenen Sitzordnungen in 2.1:

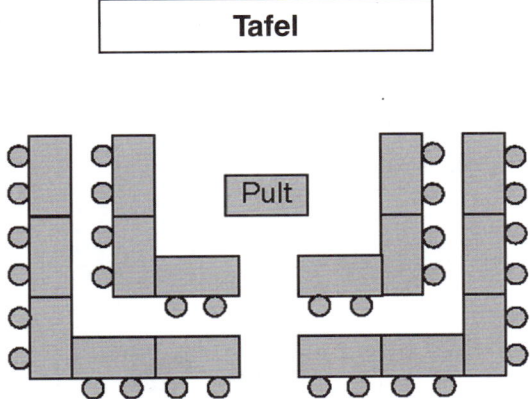

Ein vorgerücktes Pult hilft. Ist dieses vollgestellt, so kann auch der Overheadprojektor als Tisch aushelfen. Oft reicht schon die erhöhte Klappe des Projektors als Standfläche für Figuren. Dank seiner Rollen und seiner Schlankheit kann man ihn weit in die Klasse hineinschieben.

Noch ein Schlusswort: Eine Bühne ist eine Bühne und keine Ablagefläche für Tagebuch, Unterrichtsmaterial und Schülerhefte. Klar „geht das" – aber es *wirkt* eben anders! Es gibt Theaterschulen, in denen zuerst eine Stunde rituelles Raumputzen angesagt ist. Für ein Figurentheater müssen Sie jetzt nicht eine Stunde lang einen Tisch putzen, jedoch sollte die Intention klar sein. Der Raum soll eine Wertschätzung der Figuren spiegeln. Auch das wirkt auf das Publikum, die Schüler.

Bühne

## 6.5 Ein paar Tipps

Ein nützliches Hilfsmittel ist Knete zur Befestigung von Figuren, ein Gummi (als Gurt, oder als Fessel). Ebenfalls gut verwendbar sind diese Clips, von denen keiner weiß, wie sie heißen, und mit denen Teetüten verschlossen werden (die Nasenklammer in Abbildung s. S. 153).

Playmobil im Knet

Benötigt man viele Figuren, so eignet sich ein Flohmarktbesuch. Mehr Figuren beinhalten mehr Möglichkeiten. Auch in der Gruppenarbeit machen mitunter Figuren Sinn: Man hat etwas zum Anfassen und zum *Begreifen*.

Darstellung einer Bevölkerung

# Kapitel 7  Problembewältigung innerhalb der Schule

Wenn Sie sich für Schülerprobleme interessieren und helfend eingreifen wollen, befinden Sie sich immer auf einer Gratwanderung. Lehrer sind nun einmal keine Psychologen, Mediatoren oder Therapeuten. Was hinter der „Maske" des Betroffenen steckt, kann sehr tief gehen. Beachten Sie die Sprengkraft theatraler Techniken. Zünden Sie also keine Feuer an, die Sie nicht mehr kontrollieren können. Wie gesagt: Theater hat eine enorme Durchschlagskraft. Sie müssen entscheiden, wie weit Sie gehen. Diese sehr ernst gemeinte Warnung soll genügen.

## 7.1 Streit und Wortwahl durch Nachspielen auf die Meta-ebene heben

*„He, mach die Mücke, du Arsch!"*. Das war der erste Satz, die erste Botschaft, die ein Schüler einem anderem verabreichte, der sich auf den Platz neben ihm setzen wollte.

Es gibt tausend Möglichkeiten zu reagieren. Sie können es ignorieren, eine Moralpredigt über den Umgang miteinander halten, mit Nachsitzen und Strafarbeiten drohen, falls das noch einmal vorkommt, und, und, und. In jedem Falle sollte die Sanktion sofort geschehen und dabei pädagogisch sinnvoll sein. Sie haben also drei Sekunden Bedenkzeit. Vielleicht auch zehn Sekunden, wenn Sie schweigend das Geschehen beobachten und warten, bis Stille eintritt. Aber viel mehr Zeit haben Sie nicht. Was tun?

Werden die Schüler aufgefordert, den Streit nochmals nachzuspielen, wird die Situation lächerlich. Ein zeitlicher Abstand lässt für jeden im Raum die Situation völlig anders erscheinen. Ich bitte also die Schüler, die letzten Sekunden noch einmal nachzuspielen: *„He, mach die Mücke, du Arsch!"*. Es wirkt nicht mehr. Ich fordere sie auf, sich wirklich anzuschreien. Es wird etwas besser. Nach ca. vier Wiederholungen funktioniert es halbwegs. Dann ist jedem klar, dass der Tonfall, die Art und Weise völlig daneben ist. Und zwar ohne Sanktionierung.

## 7.2 Problembesprechung anhand einer Figur

Wo stehst du, wo steht dein Streitpartner? Wer oder was steht zwischen euch?

Im Abschnitt 6.3 wurden *Tabuthemen* mithilfe von Figuren angesprochen. In einem Streit können Figuren die *Rollen* der Streitenden einnehmen. Damit wird der Konflikt auf eine andere, abstrakte Ebene gehoben. Die Betroffenen können sich selbst und die Situation mit Abstand betrachten.

## 7.3 Übungen zur Gewaltprävention

*„Ich bin dafür nicht ausgebildet, das kann ich nicht, das sollen Leute machen, die etwas davon verstehen!"* sagen Lehrer häufig. Das stimmt vielleicht, zumindest teilweise.

Gewaltvermeidung beginnt mit der Wahrnehmung, was alles Gewalt sein kann und wo Gewalt anfängt. Und hier bietet Theater ausgezeichnete Techniken. Ebenso schult es das Einfühlungsvermögen in die Rolle des Unterdrückers wie auch in die des Unterdrückten: durch Standpunktwechsel, Rollenwechsel, das Deuten von Gestik und Mimik, Körperhaltung und -sprache. Und das lässt sich in der Schule umsetzen. Schlimmes passiert in den meisten Fällen nicht aus purer Boshaftigkeit, sondern aus Unachtsamkeit. Das soll in diesem Abschnitt unter Gewalt*prävention* verstanden werden. Gruppenstärken von 10 – 16 Schülern – also halbe Klassenstärken – sind bei den Übungen empfehlenswert.

### Wahrnehmung

Die in 5.5 beschriebene Raumwahrnehmung lässt sich auf Personen übertragen. Hierzu nehmen vier Personen ein starres Standbild ein:

Langes Verharren in einer Position kann sehr schmerzhaft werden. Die gewählte Haltung sollte einigermaßen bequem sein. Die Zuschauer versuchen schweigend, sich das Standbild so genau wie möglich einzuprägen. *Wer trägt was an den Händen? Wer schaut wohin?* (Die Pfeile in der Abbildung stellen die Blickrichtung dar.) Bei der Beobachtung ist ein Schutzraum von einem Meter einzuhalten, da beispielsweise eine Betrachtung der Nasenspitze im Abstand von nur wenigen Zentimetern sehr unangenehm sein kann. Eine Hilfe für den Beobachter kann darin bestehen, dass er selbst die Position einer Figur kopiert. Wer glaubt, dass er alles weiß, verlässt den Raum.

Nun werden fünf Dinge verändert. Beispielsweise kann eine Uhr getauscht werden, ein Reißverschluss ein Stück weiter zugezogen oder Körperhaltungen verändert werden. Schwieriger zu erkennen sind Änderungen der Blickrichtungen. Fällt Ihnen hier auf, was verändert wurde?

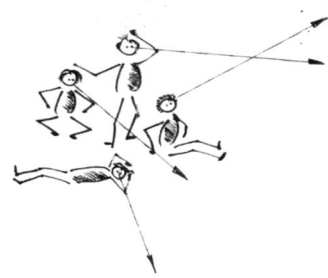

Die liegende Person befindet sich jetzt weiter links. Positionswechsel sind mit am schwersten zu erkennen.

Die Beobachter werden hereingelassen, und in völliger Stille versucht jeder für sich, Änderungen wahrzunehmen. Zur Auflösung drückt der Lehrer auf einen virtuellen Knopf an der Figur. Da die gesamte Konzentration im Raum gebündelt ist, wirkt schon eine minimale Drehung des Kopfes fast magisch.

## Kopieren

Es soll eine Figur nachgebaut (kopiert) werden. Zuerst wird der zukünftigen Kopie und dem Kopierer die Augen verbunden, damit sie das Original nicht zu sehen bekommt und später nicht beim Kopiervorgang unbewusst mithilft. Danach gefriert das Original für mindestens zehn Minuten in eine Haltung ihrer Wahl. Aufgabe des Kopierers ist ein möglichst perfekter Nachbau.

ORIGINAL

KOPIE

Die Übung erfordert Vertrauen. Es müssen gegebenenfalls Tabuzonen geklärt werden. Nimmt das Original eine typische Haltung für ein bestimmtes Gefühl ein, lässt sich meist nur durch die Kopie der Körperhaltung auch diese Grundstimmung kopieren.

## Gefühle zeigen

Der Löwenanteil unserer Gefühlswelt geschieht innerlich. Vielleicht kennen Sie ein solches Eisbergmodell: Nur die Spitze des Berges tritt aus dem Wasser der Gefühle hervor. Umso genauer ist auf diese Spitze zu achten. Daher an dieser Stelle Übungen zur Wahrnehmung von Gefühlen und Stimmungen.

Alle Teilnehmer stehen im Kreis und blicken nach außen. Es wird ein Gefühl vorgegeben, beispielsweise *Hass*. Jeder begibt sich nun in die Mimik und die Körperhaltung des Hasses, für die anderen noch unsichtbar. Nach einer halben Minute drehen sich alle auf ein Signal um. Es wird nicht gespielt, jedoch vorsichtig umgeschaut, wie denn der *Hass* bei allen anderen aussieht.

In einem zweiten Schritt sollen die Gefühle so dezent wie möglich dargestellt werden. Wie wenig braucht es, um *Hass* darzustellen?

## Gefühle erkennen

Der Leiter der Übung schreibt Emotionen auf Zettel (*Hass, Unsicherheit, Sehnsucht, Heiterkeit, Angst, Einsamkeit, Verachtung, Ekel, Wut, Liebe* …) und verteilt diese verdeckt an die Zuschauer. Dabei können bestimmte Gefühle doppelt oder dreifach vorkommen.

Einer nach dem anderen spielt den anderen, ohne zu sprechen. seine Emotion vor. Der Rest der Gruppe versucht die gespielte Stimmung zu erraten. Für viele ist überraschend, wie leicht man sich in der Einschätzung täuschen kann. Was für den einen klar *Unsicherheit* ausstrahlt, ist für den anderen *Ekel.*

Noch zwei Ergänzungen: Soll die Körpersprache betont werden, kann mit einfachen Neutralmasken gearbeitet werden.

Hierzu dreht sich der Spieler beim Auf- und Absetzen der Maske vom Publikum weg. Soll hingegen der Mimik der Vorzug gegeben werden und nur vom Gesichtsausdruck auf das Innenleben geschlossen werden, so verdecke man den Körper – beispielsweise dadurch, dass sich der Spieler hinter einen Tisch setzt.

## Gefühle spiegeln

Zwei Personen – Original und Spiegelbild – blicken sich gegenseitig in die Augen. Ganz langsam verändert das Original seinen Gesichtsausdruck. Es geht nicht darum, den Spiegel auszutricksen, so dass dieser nicht mehr mitkommt. Vielmehr geht es um die exakte Nachstellung der Emotionen. Hierbei kommt es auf die Art des Gefühls an und auf die Intensität. Je langsamer die Übung, desto besser.

Alternativ kann der ganze Körper gespiegelt werden.

## Subtext

In Abschnitt 3.9 sollte ein Wetterbericht in den verschiedensten Stimmungen vorgelesen werden. Nach demselben Prinzip sollen jetzt Sätze „falsch" vorgelesen werden: falsch in dem Sinne, dass der Text mit dem Subtext nicht übereinstimmt. Subtext ist der innere Text, der nicht gesprochen, aber gedacht wird. Ein Beispiel: *„Ich freue mich, dass du gekommen bist!"* soll lustlos, traurig oder hasserfüllt vorgelesen werden.

Als Erweiterung können auch unpassende Körperhaltungen eingenommen werden.

## Massaker

Ein Spieler steht in der Mitte des Kreises und schreit „Massaker". Daraufhin bringt er alle nach einer Methode seiner Wahl um. *Erschießen mit Maschinenpistolen, mit dem Messer abstechen, Bombe zünden, Handgranate werfen, eine Giftspinne auf den Arm legen usw.* Wenn alle am Boden liegen, ist der Nächste an der Reihe.

Es muss absolut klar sein, dass keine wirkliche Gefahr für die Mitspieler besteht. So kann beispielsweise schnelles Kopfverdrehen sehr gefährlich sein. Es ist Aufgabe des Spielleiters bzw. Lehrers, darauf zu achten.

Ansonsten ist es eine gute Möglichkeit, Aggressionen erlebbar zu machen. Die Gefahr, dass ein Schüler daraufhin *wirklich* ein Massaker veranstaltet, ist meines Erachtens nicht gegeben. Ein Blick auf die moderne Videospiel- und Fernsehwelt relativiert das hier vorgestellt *Massaker*. Trotzdem würde ich die Übung nicht ohne Reflexion zum Abschluss machen – auch wenn nur ein Schüler es makaber findet. Sie wissen nie, ob nicht ein Bekannter oder Verwandter eines Teilnehmers letzte Woche gestorben ist oder einen schlimmen Unfall hatte.

## Theater der Unterdrückten

Der Unterdrücker führt den Unterdrückten *an der Nase herum*: Hierzu ist ein imaginärer, zehn Zentimeter langer Stab an der Nase befestigt, es gibt also keinen direkten Kontakt. Es darf geschoben und gezogen werden. Ob schnell oder langsam, ob hoch oder tief: der Ausgelieferte muss folgen.

In den ersten paar Minuten ist die Übung spaßig. Der Ernst wird erst nach und nach deutlich, vielleicht nach zehn Minuten, vielleicht auch nach einer halben Stunde. Die Rollen tauschen in der Halbzeit.

Varianten gibt es viele: Statt Unterdrücker und Unterdrücktem können die Rollen auch anders belegt werden: Lehrer/Schüler, Schüler/Lehrer, Fachleiter/Referendar ...

Weitere Spiele dieser Art finden sich in *Theater der Unterdrückten – Übungen und Spiele für Schauspieler und Nichtschauspieler* (vgl. Boal 1989).

## Standbilder zu Gewalt

Vergleiche auch hierzu die in 5.8 beschriebene Methode *Standbilder*. Kleine Gruppen sollen zum Thema *Gewalt, (Mobbing, Brutalität ...)* ein Standbild erstellen. Hierzu sucht jeder Teilnehmer ein für sich passendes Bild für *Gewalt*. Hat jedes Gruppenmitglied eine klare Situation vor Augen, so beginnt einer sein Bild von *Gewalt* mit den anderen Gruppenmitgliedern zu modellieren. Für jeden ist *Gewalt* etwas anderes. Entsprechend unterscheiden sich die erschaffenen Szenen in der Regel vollständig voneinander. Wieder liegt die Qualität des Bildes in der Exaktheit. Stellen die verschieden Gruppen sich ihre Ergebnisse gegenseitig vor, kann man wie in 2.6 beschrieben mit dem Tageslichtprojektor eine Fläche als Bühne ausleuchten. Das erhöht die Aufmerksamkeit und lässt die „Wachsfigurenbilder" noch stärker erscheinen.

Man kann noch einen Schritt weitergehen, indem man die Gruppe aus ihren einzelnen Vorschlägen ein gemeinsames Standbild bauen lässt. Haben sich

die Schüler geeinigt, so wird ein Bild für eine Lösung gesucht. Stellt beispielsweise die *Gewaltszene* eine Prügelei dar, so könnte das Lösungsbild
ein Händekreis sein. Die Teilnehmer gehen in die Gewaltszene und numme-
rieren sich durch. Zug um Zug wird auf die Lösung zugespielt: Spieler eins
macht hierzu eine leichte Veränderung und erstarrt wieder, dann ändert
Spieler zwei seine Position, gefolgt von Nummer drei, usw. Meist dauert die
Verwandlung gemäß des *Zug um Zug-Prinzips* (vgl. 2.4: *beobachten, bewerten, handeln*) einige Runden.

## 7.4  Problemtheater zur Konfliktlösung

Über Politik wird viel geredet und geschimpft. Aber was wäre, wenn Sie an
der Stelle unseres Bundeskanzlers gewesen wären? Was wäre passiert, wenn
Sie zu einem vergangenen Zeitpunkt anders gehandelt hätten? Fragen
dieser Art sind sehr, sehr schwer zu beantworten. Mit jeder Handlung verän-
dern Sie immer mehrere Dinge zugleich. Sie stecken in einem Netzwerk!
Menschliches Zusammenleben gleicht einem chaotischen System: *Ein
Flügelschlag eines Schmetterlings kann das Wetter verändern.* Hätte damals
Ihre Mutter den Zug nicht verpasst und wäre infolgedessen nicht von Ihrem
Vater nach Hause begleitet worden, dann gäbe es Sie gar nicht. Durch-
denken kann man alle möglichen Auswirkungen und Konsequenzen nicht.
Umso mehr wundert vielleicht auf den ersten Blick, dass man Konflikt-
lösungen *spielerisch* finden kann.

### Zur Umsetzung

Eine Gruppe inszeniert ein ca. dreiminütiges Stück, das in einem Problem
endet. Es kann in einer wilden Schlägerei, in einem Mord, aber auch in
scheinbar milderen Formen von Gewalt enden. Ein Beispiel:

*Erste Szene:* Klara fragt Tom nach einem Bleistift. Tom gibt ihr einen, allerdings den allerkleinsten Stummel, den er in seinem Schlampermäppchen
findet. Klara findet das gemein, sagt aber nichts, aber sie nimmt sich fest
vor, dass sie ihm in Zukunft nie wieder etwas gibt.

*Zweite Szene:* Am nächsten Tag sucht Tom sein Mäppchen und findet es
schließlich im Mülleimer. Er ist sauer und hat Klara im Verdacht. Aber gut,
sie soll es lernen: Als Vergeltungsschlag fliegt ihr Mäppchen aus dem
Fenster. Klara sieht das und will das von Tom hinterherwerfen, doch Tom ist
schneller. Beide ziehen an dem Mäppchen, es reißt und ist am Ende kaputt.

*Dritte Szene:* Obwohl die beiden sich bisher gut verstanden haben, lädt Tom
Klara nicht zu seiner Geburtstagsparty ein. Klara weint. Sie möchte nie wieder etwas mit Tom zu tun haben.

Das Stück wird eingeübt und *wiederholbar* gemacht. Die Akteure sollen in ihrem Tun nicht nur stets denselben Text sprechen, auch das Tempo und die jeweilige Emotion sollen wiederholbar sein. Eine Stunde Zeit ist hierfür nicht viel.

Im nächsten Schritt wird das Stück aufgeführt. Nach dem ersten Durchlauf darf das Stück von einem Zuschauer durch Klatschen unterbrochen werden. Die Schauspieler halten inne, und der Klatscher nimmt einen Darsteller aus der Szene heraus und nimmt stattdessen seine Rolle ein. Damit verändert sich die Geschichte. Aufgabe der Spieler ist es, auf die neue Situation im alten Stile zu reagieren, aber das neue Element nicht zu ignorieren. Ein Beispiel: Unser Zuschauer klatscht, als das Mäppchen von Klara aus dem Fenster fliegt, und nimmt deren Rolle ein. Statt wie die alte Klara es Tom gleich zu tun, bricht die neue stattdessen in Tränen aus. Sie hätte auch lachen können und darauf bestehen, dass er das Mäppchen wieder holt. Oder die Lehrerin holen.

Das veränderte Stück wird bis zu seinem neuen Ende gespielt. Nur eine Person darf durch Klatschen ersetzt werden, ansonsten bleibt von der ursprünglichen Geschichte zu wenig übrig.

## 7.5 Subtexte

Die Geschichte von Klara und Tom kann nach der ersten Aufführung nur mit Subtexten aufgeführt werden. Das heißt, dass die Schauspieler genau in derselben Abfolge spielen, aber nicht ihren realen Text aufsagen, sondern nur das, was sie denken. Sie sprechen also ihren emotionalen, nicht sichtbaren Hintergrund aus. Das deckt oft Missverständnisse auf. So sagt Klara zum Beispiel, als sie den Bleistiftstummel bekommt: *„Warum gibt der Depp mit nur einen Stummel, wo er doch fünf Bleistifte besitzt? Blödes Egoschwein."* Toms Subtext hingegen: *„Warum die nie selber ihre Sachen mitbringt. Na, den kleinen Stift kann ich ihr einfach so geben, einen großen würde sie mir doch nicht zurückgeben. "*

Das Ansprechen von Subtexten kann wesentlich zur Streitschlichtung beitragen.

## 7.6 Standpunkte einnehmen

Wo stehe ich im Beziehungsgeflecht zu anderen? Die folgende Übung macht Grüppchenbildungen und Ausgrenzungen innerhalb der Klasse sichtbar. Das ist ein heißes Thema, das eine entsprechende Vor- und Nachbereitung notwendig macht. Probleme werden offen gelegt. Dadurch können sie gelöst werden. Trotzdem kann es mitunter sehr schlimm für einen Außenseiter sein, wenn seine Isoliertheit auch noch räumlich dargestellt wird. Sie können im Vorfeld solch mögliche Situationen mit der Gruppe besprechen und klären, was in einem solchen Fall getan wird.

Zur Praxis zwei Vorschläge:

Auf einem freien Platz ordnen sich die Schüler gemäß ihren Beziehungen an. Je mehr sie mit einer Person zu tun haben, desto näher stehen sie zusammen. Die Bedeutung der Entfernungen von Schüler zu Schüler wird genau definiert. Das kann beispielsweise ein Maß für gegenseitige *Sympathie* sein, aber auch dafür, *wie gut das gemeinsame Arbeiten* klappt, oder *die Menge an geführten Gesprächen* oder die *Zeit, die man außerhalb des Unterrichts miteinander verbringt.* Je nach Vorgabe kann sich ein anderes Beziehungsmuster ergeben. Naturgemäß lassen sich ab drei Personen nicht mehr alle Abstände zu allen Personen beliebig darstellen (vgl. hierzu auch Abschnitt 2.3: *Räumliches Anordnen von Unterricht).* Das ist für die Umsetzung allerdings weniger schlimm, als vielleicht ein Mathematiker wie ich im ersten Moment denkt.

Statt Personen können alternativ auch Namenschilder oder Stühle mit persönlichen Gegenständen im Raum positioniert werden. Damit wird das Beziehungsmuster für alle begehbar.

Es ist auch eine völlig andere Darstellung des Beziehungsgeflechts möglich. Hierbei spannen die Schüler Schnüre zwischen sich. Die Bedeutung der Schnur wird wieder entsprechend definiert. Beispielsweise kann immer dann eine Schnur gespannt werden, wenn einer von beiden dem anderen zumindest einmal von seinem Frühstücksbrot abgegeben hat.

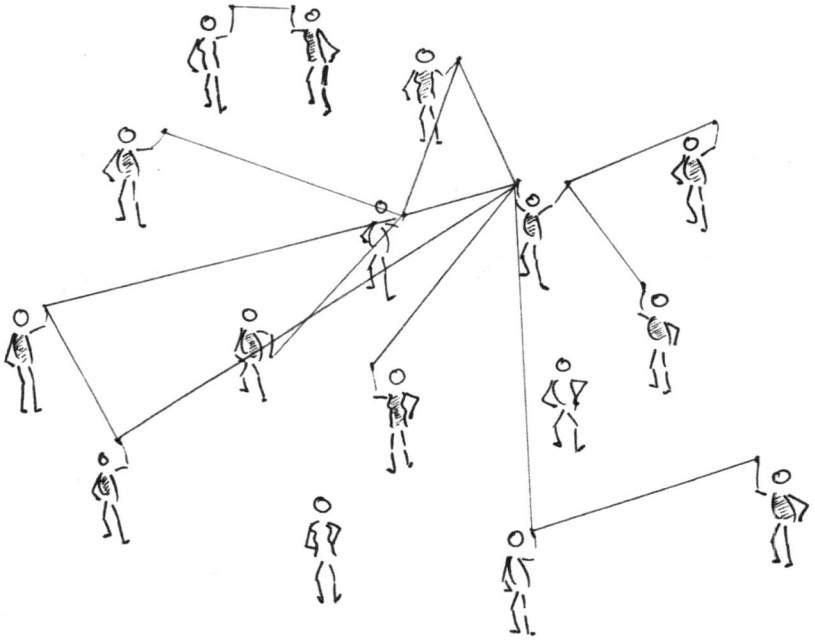

Das Klassenzimmer – ein vernetztes System einzelner Persönlichkeiten

Die Raumbedeutung wird noch verstärkt, wenn die Schüler an ihrem Platz im Klassenzimmer bleiben.

## 7.7 Was ich in der Schule blöd finde

Gefühlte Ungerechtigkeiten werden herausgeschrien – eine Möglichkeit zu einem Feedback.

Vorletzter Schultag – die Schüler fanden es ungerecht, *jetzt noch* Physik zu haben. Sie wollten raus, also ging ich mit ihnen nach draußen. Beim Hinausgehen hörte ich immer wieder Sätze wie: „*Es ist sch…ungerecht, dass wir noch Unterricht haben!*" So also nimmt der Schüler sein persönliches Recht auf Bildung wahr. Der Notendruck ist weg und damit die Lernbereitschaft. Wer hat Schuld? Wer war es, der sie notenhörig und -fühlig gemacht hat?

Den blinden Glauben an Noten haben *wir* ihnen selbst beigebracht. Wer sonst? (Vergleiche auch den Abschnitt *Noten* in 4.11)

Ich ließ die Schüler in einen Halbkreis gehen und forderte sie auf, sich *die* Sache zu überlegen, die sie an der Schule am schlimmsten finden. *„Ich finde es blöd, dass ..."* sollte jeder Satz beginnen. Der Reihe nach ging jeder in die Mitte und schrie sein erlebtes Unrecht in die Klasse. Genaue Wiederholungen sollten – wenn möglich – vermieden werden.

Ich wies die Schüler an, ihre Kritik herauszuschreien. Ohne Furcht – die Noten sind gemacht –, aber auch ohne Übertreibung. Am Anfang trauten sie sich nicht, also schrie ich selbst einen ihrer Sätze und ließ es den Schüler in dieser Stärke wiederholen. Es war beeindruckend: selbst vermeintlich „kleine, schwache Mädchen" konnten ihrem Satz eine gewaltige Ausdruckskraft verleihen. Um die Sätze zu würdigen, schrieb ich mit.

*„Ich finde es blöd, dass es hier Noten gibt!"*
*„Ich finde das Rechnen blöd!"*
*„Ich finde es blöd, dass wir Dinge auswendig lernen müssen, die wir nie wieder brauchen!"*
*„Ich finde es blöd, dass Lehrer ungerecht sind!"*
*„Ich finde es blöd, dass mündliche Noten mancher Lehrer so ungerecht sind!"*
*„Ich finde es blöd, dass ich in den Unterricht kommen muss!"*
*„Ich finde es blöd, dass wir uns nicht aussuchen können, was wir lernen!"*
*„Ich finde es blöd ..."*

In einer zweiten Runde bat ich sie um ein Feedback speziell für unseren Physikunterricht, wiederum sollten sie in die Mitte stehen – also räumlich Stellung für ihre Aussage beziehen. Die Schüler sollten jetzt ihren stärksten Eindruck sagen – unabhängig davon, ob dieser positiv oder negativ empfunden wurde.

# Kapitel 8 Konkrete Beispiele zu verschiedenen Fächern

Ein Beispiel ist immer konkret – sonst wäre es auch kein Beispiel. Die zugrunde liegenden theatralen Techniken sind allerdings in *allen* Fächern umsetzbar. Auch wenn Sie kein Physiklehrer sind, so ist das *„Zuflüstern von Geheimnissen"* als Technik leicht übertragbar. Sie können es als Übung betrachten, fachfremde Beispiele auf Ihr Fach zu übertragen.

## 8.1 Allgemeine Hilfen bei der Umsetzung

Wie schafft man es, Menschen auf Tische und Bänke steigen zu lassen, ohne dass Chaos ausbricht? Die Antwort ist altersabhängig.

### Die Metaebene als Schutzraum

Volljährigen Oberstufenschülern kann man die Stärke dieser Technik erklären. *„Ich habe in einem Buch gelesen, dass …"* kann für den einen oder andern Schüler eine Rechtfertigung für das Mitspielen sein. Ich selber nutze solche Verweise gern, um die Verantwortung für die angewandte Methode an einen Autor, ein Buch oder irgendeine Theorie abzugeben. Damit ist ein Schutzraum, sowohl für die Schüler wie auch für den Lehrer, aufgebaut. Schieben Sie also ruhig alles auf mich.

### In der Pubertät

Kein Mensch möchte sich lächerlich machen. Und im Alter zwischen 13 und 16 Jahren ist man hierbei am empfindlichsten. Die Atmosphäre muss stimmen, damit man beispielsweise ein Elektron theatralisch nachstellen kann.

Es kann also sein, dass die „Metaebene" nicht ausreicht, damit der Schüler sich ausreichend geschützt fühlt. Man kann sich aber vielleicht einem „Experiment" unterordnen, denn man hat sich ja lediglich auf ein solches eingelassen.

### Das Zitat

Vor allem beim Nachstellen von unliebsamen Standpunkten möchte man nicht in dieser Rolle bleiben. Wer einen Kotzbrocken spielt, der möchte die Rolle auch wieder loswerden. Ein Zitat ist beispielsweise ein Hut, ein Tuch, ein Gegenstand oder sonst eine Kleinigkeit, die zur Rolle gehört. Wenn die Darstellung zu Ende ist, wird das Zitat – und somit die Rolle – abgelegt. Ich spielte einmal einen schleimigen Alten und war danach sehr dankbar dafür, dass ich die Rolle mit einem Zitat abgeben konnte – zumal hinterher alle meinten, dass ich *„extrem überzeugend"* war.

## Die Frage

Es ist eigentümlich: Lässt man Menschen die Freiheit, etwas zu tun oder nicht zu tun, so wird häufig für das Tun gestimmt. Wird über uns verfügt oder gar gedroht, so reagieren wir meist ablehnend. Zur besseren Verständlichkeit hier ein Test:

1. *„Sie müssen nochmals den letzten Abschnitt durchlesen, sonst macht dieses Kapitel für Sie keinen Sinn und Sie werden keinen Nutzen daraus ziehen!"*

2. *„Sie können hier weiterlesen oder den letzten Abschnitt nochmals lesen. Im zweiten Fall steigt die Wahrscheinlichkeit, dass Sie einen Nutzen aus diesem Kapitel ziehen."*

Vielleicht ist das Beispiel etwas an den Haaren herbeigezogen, aber es wird klar, was gemeint ist. Daraus ergibt sich folgende Strategie für den Unterrichtenden: Erklären Sie zuerst, warum jetzt alle auf dem Tisch stehen sollen, und fragen Sie dann, ob die Schüler es auch wollen. Und wenn sie nicht wollen, dann lassen Sie es (vgl. auch 5.7: *Umsetzung von Modellen* und 5.8: *Theatrale Techniken*).

## 8.2 Physik

### Kauderwelsch oder Naturwissenschaft ist eine Sprache

Sie möchten einer Vorlesung, einer Erklärung oder einer Argumentation inhaltlich folgen, aber leider verstehen Sie nicht alles. Dabei sind Sie ausgeschlafen und besten Willens, aber leider tauchen in den Erklärungen an zentralen Stellen Worte in „Chinesisch" auf. Um ein Beispiel zu geben: Bruchrechnung wäre mir leicht gefallen, wenn ich die Bedeutung von „Divisor" gewusst hätte. Eben „das unter dem Bruchstrich". Oder ein weiteres Beispiel: Versuchen Sie folgenden Text zu erfassen:

*Sie möchten einer 講課, einer Erklärung oder einer Argumentation從內容方面來看 folgen, aber leider verstehen Sie nicht alles. Dabei sind Sie ausgeschlafen und besten意志力, aber leider tauchen in den Erklärungen an zentralen Stellen Worte in „Chinesisch" auf. Um ein Beispiel zu geben: 分數計算 wäre mir leicht gefallen, wenn ich die Bedeutung von „Divisor" gewusst hätte. Eben „das unter dem Bruchstrich". Oder ein weiteres Beispiel: Versuchen Sie folgenden文 zu erfassen:*

Im letzten Absatz wurden „nur" fünf Wörter ins Chinesische übersetzt. Der Text an sich ist einfach zu verstehen, aber eben nur dann, wenn man die Wörter kennt. In den Naturwissenschaften ist es noch schwieriger: Oft ist es so, dass Schüler meinen, Begriffe wie Kraft, Energie usw. zu kennen, aber sie kennen sie nur aus dem Alltag und geben ihnen aus naturwissenschaftlicher

Sicht eine falsche Bedeutung. Sie hören, aber verstehen nicht, aber denken, sie hätten es verstanden. Das ist ein Problem.

Es ist gut, die Schüler aufzufordern, jeden unklaren Begriff sofort nachzu-fragen. Ansonsten wird der Unterricht zum *Kauderwelsch*.

*Kauderwelsch* ist eine theatrale Sprache. Sie besteht aus einer sinnlosen Aneinanderreihung von Silben, so dass es sich anhört, als ob eine fremde Sprache gesprochen wird: *Este a ge beduvo. Kanda, este a mee. A mee do esino ...* Werden die Silben mit Emotionen belegt, Teile der „Sätze" wieder-holt, ist das Ergebnis umso stärker. Es ist bestimmt nicht jedermanns Sache, eine Minute *Kauderwelsch* im Unterricht zu sprechen. Aber es illustriert ungemein das Problem. Und es macht Spaß.

## Energieerhaltungssatz

Was ein Geheimnis ist, sollte auch als Geheimnis behandelt werden. Der Energieerhaltungssatz kann nicht bewiesen werden, die Unterrichtsstunde könnte also mit einem gemeinsamen Gebet enden: *„Ich glaube an den Ener-gieerhaltungssatz ...".* Stärker ist die Wirkung, wenn die Schüler sich von ihren Plätzen erheben und sich das Geheimnis abholen müssen. In einer Klasse 8 nutzte ich die letzten fünf Minuten, um den Schülern ein Geheimnis anzuvertrauen (vgl. auch 1.8: *Die zeitliche Ebene*). Ich setzte mich in die Mitte des Klassenzimmers und forderte die Schüler auf, ihre Plätze zu ver-lassen – Geheimnisse kann man nicht laut aussprechen. Es dauert etwas, bis wirklich alle ihre Plätze verlassen haben und sich dicht an dicht zu einem „Haufen" drängen. Der Lehrer wird zum „Guru", dem Verkünder des Geheimnisvollen.

Zuflüstern eines Geheimnisses

Es verschafft dem Lehrer Sicherheit, wenn er seinen Schülern zuvor auf einer Metaebene erklärt, dass er jetzt etwas macht, damit sie sich nichts falsch einprägen (vgl. den ersten Abschnitt dieses Kapitels). So denken viele Schüler, dass der Energieerhaltungssatz einem mathematischen Satz gleicht, der beweisbar ist. Durch das Zuflüstern prägt sich ein, dass das Gegenteil gilt: Der Energieerhaltungssatz ist ein Glaube, eine Weltanschauung oder einfach ein Geheimnis.

## Wärmelehre

Ein Beispiel zu Figurentheater als Einstieg zu *Wärmestrahlung, Wärmeleitung und Konvektion:* Fridolin ist eingefroren – wie gelangt Wärme in den Eisblock?

Fridolin in Eis

## Brownsche Molekularbewegung

Es soll gezeigt werden, wie die Zitterbewegung kleinster Teilchen durch zufällige Bewegungen zustande kommt. Je zwei Schüler benötigen einen Würfel. Der *Würfler* erzeugt Zufallszahlen, indem er nur Augenzahlen zwischen eins bis vier beachtet, fünf und sechs werden ignoriert. Der andere ist das *Brownsche Teilchen.* Entsprechend der Abbildung geht dieser bei einer „Eins" nach vorn, bei einer „Zwei" nach links, bei einer „Drei" nach hinten und schließlich bei einer „Vier" nach rechts. Die Anzahl der Würfe merkt sich der Werfer.

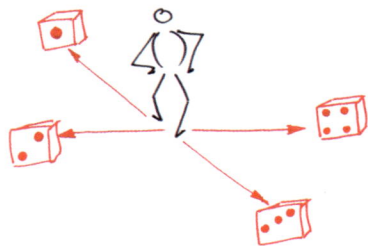

Der gegangene Weg wird mit Kreide nachgezeichnet. Es ergibt sich folgendes Bild:

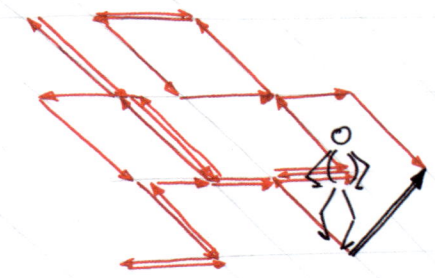

Zum Schluss wird ein Pfeil direkt vom Start- bis zum Endpunkt gezogen (im Schaubild der schwarze Pfeil).

## 8.3 Chemie

### Schüler als Atome

Chemische Verbindungen und Reaktionen können oft im Schülermodell stattfinden. Ein typisches Beispiel:

$$2H_2 + O_2 \rightarrow 2H_2O$$

Die Mädchen stellen beispielsweise die Wasserstoffatome dar, die Jungen dementsprechend die Sauerstoffatome. Wasserstoff ist einwertig, also wird eine Hand in die Hosentasche gesteckt, Sauerstoff hingegen zweiwertig:

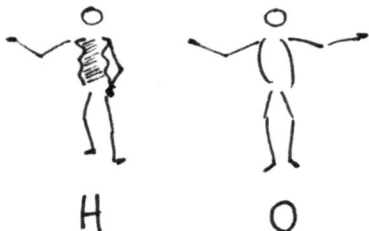

H       O

Beachten wir noch, dass beide Gase molekular vorkommen, so ergibt sich folgendes Bild:

$H_2$             $O_2$

Bei der Reaktion wird Energie frei, entsprechend bewegen sich die Schüler nach der Reaktion mehr als vor der Reaktion. Hier die Reaktion im Bild:

$H_2$    +    $H_2$    +    $O_2$    $\longrightarrow$    $H_2O$    +    $H_2O$

Zur energetischen Betrachtung:

Damit die Reaktion (hier die Knallgasreaktion) überhaupt ablaufen kann, wird eine Aktivierungsenergie benötigt: Die $H_2$-Paare bzw. $O_2$-Paare müssen erst getrennt werden. Das Aufbrechen der Molekülbindungen benötigt Energie.

AKTIVIERUNGS-
ENERGIE

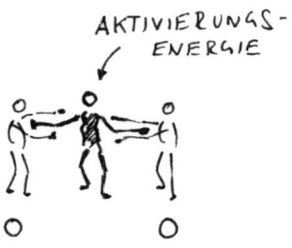

O       O

## Das Gesetz von Dalton

Damit die Reaktion „aufgeht", muss es doppelt so viele Mädchen wie Jungen in der Klasse geben. In den meisten Fällen bleibt ein Rest übrig. Die Frage nach der Menge der „Reaktionspartner" führt auf Dalton.

Die Massenverhältnisse sind bei chemischen Verbindungen immer durch relativ kleine ganze Zahlen darstellbar. Für die Darstellung muss Sauerstoff 16-mal schwerer sein als Wasserstoff. Diese Eigenschaft wurde bei der Knallgasreaktion nicht berücksichtigt. Hierzu braucht es ein exakteres Modell.

## Atommodelle – Schlüssel zum Atomverständnis

| Demokrit | Die Idee kleinster Teilchen: Das Atom stellt der Schüler als nicht teilbares Teilchen dar. (Würde er geteilt, so wäre er kein ganzes Atom mehr.) Umsetzung: Klasse geht als Pulk zusammen und wird immer und immer wieder halbiert, bis nur noch einzelne Schüler übrig bleiben: Atome. |
|---|---|
| Dalton | Gesetz am Beispiel von Wasser ($H_2O$): Die Mädchen stellen die Wasserstoffatome dar, die Jungen die Sauerstoffatome. Da Wasserstoff einwertig ist, stecken die Mädchen eine Hand in die Hosentasche. |
| Thomson | Rosinenkuchenmodell: Der Kuchenteig steht zusammen. Jeder Schüler formt mit den Armen ein Plus. Schüler mit roten Oberteilen stellen kleine negativ geladene Rosinen dar und verstecken sich im Teig. |
| Rutherford | Fünfzehn Schüler stellen den Kern dar, ca. sieben Schüler umkreisen ihn. Man beachte die Größenverhältnisse: In diesem Modell müssten die „Kernschüler" 1000-mal größer sein als die „Elektronenschüler". Der Abstand Kern-Elektron liegt bei diesem Modell in der Größenordnung des Erdradius. Vier Schüler stellen ein $\alpha$-Teilchen dar und fliegen meist ungestreift durch das Atom. |
| Bohr | Die Schüler rennen auf festen Elektronenbahnen um den Kern (Bohrsches Postulat). Beim Übergang von einer auf die andere Schale „strahlen" die Schülerelektronen. |
| Kugelwolkenmodell | Fünf Schüler stellen den Kern dar. Es gibt keine Elektronenbahnen mehr, nur noch Aufenthaltswahrscheinlichkeiten: Die restlichen Schüler stellen „Geisterelektronen" dar, indem sie um den Kern verstreut in die Hocke gehen. Die Schüler stehen ab und an auf und gehen dann wieder in die Hocke. Insgesamt darf immer nur ein Schüler ganz stehen bzw. auftauchen. Da alles nur Wahrscheinlichkeiten sind, dürfen beispielsweise auch zwei Schüler halb aufstehen. Je nach Orbital (s, p, ...) stehen Schüler je nach ihrem Standort häufiger auf. Durch eine Messung entscheidet sich das System für einen Zustand: Nur ein Schüler bleibt stehen. |

## 8.4 Mathematik

### Das Klassenzimmer als Koordinatensystem

Zur Einführung von Geraden im Raum. Die Addition von Vektoren wurde bereits behandelt.

An die Tafel wird ein Punkt in Abhängigkeit von angeschrieben, beispielsweise dieser: (2|3|2) + t·(-0,5|0,5|-0,25). Jeder Schüler berechnet seinen Punkt, indem er für t eine Zahl zwischen -6 und +6 einsetzt. (t = -6; -5,5; …) Die markierte Raumecke stellt den Ursprung des Koordinatensystems dar. Als Einheit wird ein Meter gewählt. In diesem werden die berechneten Punkte durch die Köpfe der Schüler markiert.

Gerade in Parameterform

Als Ergebnis entsteht eine Gerade, was an dieser Stelle des Unterrichts überraschend ist.

### Funktionen

Die Bedeutung von x- und y-Wert: Der Gleitschirmflieger Fridolin hatte an der Stelle x die Höhe f(x). Jetzt liegt er auf der Stelle.

Kurvendiskussion

## Schau- bzw. Standbilder von Funktionen und deren Verschiebungen

Ausgestreckte Arme lassen sich als Schaubild einer Funktion deuten. In stellen die Schüler den Graph zu $x \mapsto \frac{1}{2}x^2$ dar. Ein leeres Koordinatensystem an der Tafel dient zur Orientierung. Hier sollte auf Exaktheit großen Wert gelegt werden: $x \mapsto \frac{1}{2}x^2$ ist etwas anderes als $x \mapsto \frac{1}{4}x^2$ ! Der Lehrer sieht sofort, wer die Darstellung von Schaubildern beherrscht, also eine unmittelbare Lernzielkontrolle.

Schaubilder linearer Funktionen

Verschieben eines Graphen in y-Richtung wird tatsächlich zu einem „Erkenntnisschritt". Meist steigt zuerst ein Schüler auf seinen Stuhl und reißt so die anderen mit.

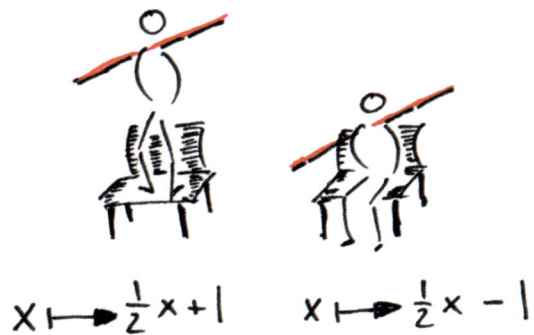

Verschieben eines Schaubildes in y-Richtung

Die Schüler erkennen ohne Hilfe, was „eins mehr" bzw. „eins weniger" bedeutet: hinsetzen – aufstehen – auf den Stuhl steigen – auf den Tisch steigen.

Parabeln eignen sich ebenfalls sehr gut:

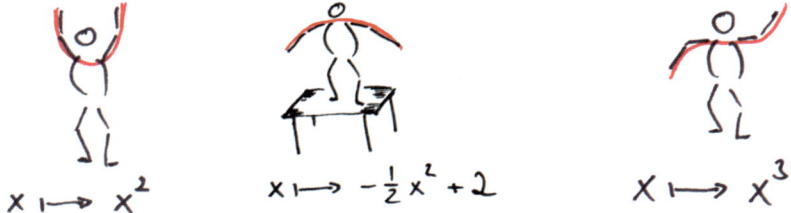

Darstellung von Parabeln

Die Darstellung von $x \mapsto -\frac{1}{2}x^2 + 2$ : Alle Schüler stehen wie Adler auf den Tischen und lassen ihre Schwingen nach unten hängen. Ein wirklich toller Anblick. Bei quadratischen Funktionen kann so die Verschiebung in y-Richtung, die Streckung und die Spiegelung an der x-Achse gezeigt werden. Die Verschiebung in x-Richtung stellt ebenfalls kein Problem dar.

Um die Wirkungsweise der Verschiebungen zu demonstrieren, kann man jeden Schüler ein eigenes Schaubild darstellen lassen. Jeder Schüler (jedes Schaubild) erfährt dann dieselbe Verschiebung: Der Mechanismus hängt also nicht vom speziellen Graphen ab. So kann leicht das Konzept auf beliebige Schaubilder übertragen werden.

## Wahrscheinlichkeitsrechnung

### Lotto

Gott sei Dank bestehen die Klassen (noch) nicht aus 49 Schülern. Demzu-folge spielt man statt „6 aus 49" entsprechend mit weniger Kugeln. Hier wird „4 aus 30" vorgestellt, also vier Ziehungen – ohne Beachtung der Reihen-folge – aus dreißig Kugeln.

Jeder Schüler stellt eine Kugel dar. Natürlich kann der Lehrer die Schüler durchnummerieren. Besser ist es jedoch, die Schüler erledigen das selbst, indem der Sitzordnung entsprechend durchgezählt wird. Auf diese Weise hat jeder zumindest seine Zahl selbst gesagt und vergisst sie somit auch nicht.

Sind vier Stühle aufgestellt (Kugellöcher), rollen die Kugeln durcheinander im Raum. Auf ein Signal hin (Klatschen des Lehrers oder Gong) steigt der Schüler auf den ersten Stuhl, der ihm am nächsten ist. Jeder Schüler hätte auf diesen Stuhl steigen können, es gibt also 30 Möglichkeiten, ihn zu beset-zen. Entsprechend werden die anderen Kugeln gezogen. Für die zweite Kugel gibt es nur noch 29 Möglichkeiten, da die erste Ziehung die Anzahl der Kugeln um eins reduziert hat. Für den dritten Platz vermindert sich die Anzahl auf 28, für den vierten auf 27.

Insgesamt gibt es also Möglichkeiten, die vier Stühle zu besetzen. Bis auf die vier Ziehungen setzen sich alle Kugeln wieder auf ihren Platz.

Im nächsten Schritt bittet der Lehrer die vier Ziehungen aufzustehen, sich durchzumischen und erneut zu setzen: Auch diese Vertauschung wären vier Richtige in unserem Lotto. Achtet man nicht auf die Reihenfolge, reduziert sich die Anzahl an unterscheidbaren Möglichkeiten. Ergo: Man muss herausfinden, wie viele solcher Vertauschungen möglich sind. Hierzu stehen die „vier Richtigen" erneut auf. Um den ersten Platz mit einer „richtigen" Kugel zu besetzen, gibt es vier Möglichkeiten: Kugel Nr. 7, 11, 13 oder 26 wäre möglich. Angenommen, Nr. 13 setzt sich, jetzt kann Platz 2 nur noch von drei Kugeln besetzt werden, entsprechend Platz 3 von zwei Kugeln und schließlich bleibt für Platz 4 nur noch eine Kugel übrig. Insgesamt gibt es also pro Ziehung $4 \cdot 3 \cdot 2 \cdot 1$ Vertauschungsmöglichkeiten.

Die Anzahl aller Möglichkeiten, die die Reihenfolge nicht beachten, ist also

$$\frac{30 \cdot 29 \cdot 28 \cdot 27}{4 \cdot 3 \cdot 2 \cdot 1}.$$

## Eine vertiefende oder alternative Aufgabe

Je sechs Personen gehen zusammen. Die Frage: „Wie viele unterschiedliche Gruppen können mit sechs Personen gebildet werden?"

Ich stellte diese Aufgabe meinen Schülern eine Stunde direkt nach der Behandlung des Lottospiels. Das Thema wurde nicht, wie im obigen Beispiel vorgestellt, durchgespielt. Interessanterweise hatte für die Schüler diese neue Aufgabe nichts mit „6 aus 49" zu tun! „4 aus 6" funktioniert als Einstieg oder als Transfer. Es ist aus Platzgründen gut, hinauszugehen und den Schülern Kreide in die Hand zu geben. Für die Erklärung geht man wie im Lotto vor, statt der Stühle zeichne man vier quadratische Plätze auf den Boden.

## Binominalverteilung

Diese Abfolge von Standbildern kann ebenso zur Demonstration der Brownschen Molekularbewegung verwendet werden. Möchte man nicht darauf eingehen, so ersetzt man *Brownsches Teilchen* beispielsweise durch ein *Zählwerk*.

Die Schüler gehen paarweise zusammen und machen unter sich aus, wer *Zufallsgenerator* und wer ein *Brownsches Teilchen* ist. Letztere stellen sich in einer Reihe hintereinander auf, die anderen besorgen sich eine Münze.

Der Zufallsgenerator zählt die Anzahl seiner Münzwürfe: Bei Kopf geht sein Läufer einen Meter nach links, bei Zahl nach rechts. Hier das Ergebnis nach 30 Würfen.

Für ein solches Standbild müssen alle Teilchen nach 30 Münzwürfen innehalten. Hier die Verteilung nach 100 Würfen:

## 8.5 Englisch

Ein englisches oder amerikanisches Frühstück bietet sich an, um die Lebensweise in diesen Ländern ins Klassenzimmer zu holen. Nicht nur die Sprache, auch die Essensauswahl und die servierten Getränke bestimmen die Atmosphäre, ebenso Kleidung, Kerzen und entsprechende Musik.

## 8.6 Deutsch

### Lebensläufe

In Abschnitt 2.7 findet sich ein Beispiel zu Schiller.

### Figurentheater

Fridolin mit seiner Drachenfrau. Vorurteile gegenüber der Frau? Diskussionsstandpunkte können klarer gefasst werden.

## 8.7 Geschichte

Eine Möglichkeit, die Geschichte nach Hause in die Kinderzimmer zu transportieren, habe ich durch Claudia Siegel gelernt: Der geschichtliche Verlauf kann im Klassenzimmer als Zeitstrahl dargestellt werden. Von zu Hause werden Spielzeugfiguren mitgebracht: Ritter, Astronauten, Dinosaurier, Cowboys, Hexen usw. Playmobil stellt hier einen recht guten Fundus dar. Die Methode erinnert an Standbilder wie auch an Figurentheater.

# Zum Ende

Der letzte Satz eines Buches gerät meist in Vergessenheit. Der Auftritt ist entscheidend, das Ende verfliegt häufig. Sie erinnern sich an den Anfang?

*Wie kann ich so sprechen, dass alle Zuhörer an meinen Lippen hängen? Oder wie kann ich ein simples Experiment so gestalten, dass es den Schülern kalt den Rücken hinunterläuft? Wie können Schüler den Unterricht selbst gestalten? Welche Möglichkeiten der Rollenverteilung gibt es? Wie kann ich mit Körperhaltung, Mimik und Gestik, Stimme mich oder etwas bewusst in Szene setzen? Wie lässt sich der Raum und das Licht im Klassenzimmer nutzen?*

Schule ist Theater! Sie haben es bemerkt: Dieses Buch enthält im Grunde keine neuen Ideen. Es wurde lediglich versucht, Schule unter einem theatralen Gesichtspunkt zu beleuchten. Konsequenterweise stößt man dabei auf Dramaturgie, Körper, Raum und Rollenverhalten. Wer im Sinne des Theaters denkt, sieht einfach mehr. So können Sie in der Schule die Overheadprojektoren als Scheinwerfer, den Raum – ob drinnen oder draußen – als Bühne nutzen.

Ich habe Fachleiter, Rektoren und Lehrer kennen gelernt, die ihre Methoden, ihr Vorgehen anderen Menschen aufzwingen wollen. Natürlich ist das albern, da hinter Methoden immer Menschen stehen, die diese auch umsetzen müssen. Mitunter werden Sie auf Kopfschütteln und Unverständnis stoßen. Sehen Sie es Ihren Kollegen nach: Alles was neu ist, wird zuerst in Frage gestellt.

Dieses Buch soll keinesfalls beschulen oder Techniken verordnen. Ein jeder mag sich frei darin fühlen beschriebene Dinge auszuprobieren, zu verändern, weiterzuentwickeln und zu kritisieren. Spielen Sie!

# Weiterführende Literatur

Aufsatz aus: Miteinander leben lernen. Zeitschrift für Tiefenpsychologie, Persönlichkeitsbildung und Kulturforschung. Heft 6, November 1988

Boal, Augusto: Theater der Unterdrückten – Übungen und Spiele für Schauspieler und Nichtschauspieler. Frankfurt am Main: Suhrkamp Verlag 10. Auflage 1989

Brook, Peter: Der leere Raum. Berlin: Alexander Verlag 8. Auflage 2004

Dörner, Dietrich: Die Logik des Misslingens. Reinbek bei Hamburg: Rowohlt Taschenbuch Verlag 13. Auflage 2000

Elschenbroich, Donata: Weltwunder. München: Verlag Antje Kunstmann 2005

Giffei, Herbert: Theatermachen, ein Handbuch für die Amateur- und Schulbühne. Ravensburg 1982

Gilsdorf, Rüdiger und Kistner, Günter: Kooperative Abenteuerspiele (Bd. 1 und 2). Kallmeyersche Verlagsbuchhandlung, 13. Auflage 2004

Grell, Jochen: Techniken des Lehrerverhaltens. Weinheim und Basel: Beltz Verlag 8. Auflage 1978

Johnstone, Keith: Theaterspiele. Berlin: Alexander Verlag 5. Auflage 2004

Klippert, Heinz: Kommunikationstraining. Weinheim und Basel: Beltz Verlag 7. Auflage 2000

Klippert, Heinz: Teamentwicklung im Klassenraum. Weinheim und Basel: Beltz Verlag 1998

Korczak, Janusz: Kinder achten und lieben. Herder Verlag, 3. Auflage 2001

Kramer, Martin: Schüler motivieren und (re)aktivieren. Lichtenau: AOL Verlag 2006

Peterssen, Wilhelm H.: Kleines Methoden-Lexikon. München: Oldenbourg Schulbuchverlag 1999

Schley, Winfried: Teamkooperation und Teamentwicklung in der Schule. In: Altrichter, H., Schley, W., Schratz, M. (Hrsg.): Handbuch zur Schulentwicklung. Innsbruck und Wien: Studien Verlag 1998

Schulz von Thun, Friedemann: Miteinander reden, Bd. 3. Reinbek bei Hamburg: Rowohlt Taschenbuch Verlag Sonderausgabe März 2005

Wellhöfer, Peter R.: Gruppendynamik und soziales Lernen. Lucius & Lucius, Stuttgart, 2. Auflage 2001

# Mein Dank

Zwei Menschen haben mich in die theatrale Welt eingeführt und nachhaltig geprägt. Ohne die beiden wäre dieses Buch sicherlich nie geschrieben worden:

*Der Vater der LAG:*
**Otto Seitz**, Reutlingen, Diplomtheologe, Diplompädagoge für Spiel und Theater, Hauptschullehrer mit Studienschwerpunkt Physik und Religion, fast 20 Jahre Vorsitzender der LAG TheaterPädagogik Baden-Württemberg e. V.
Experte für angewandtes Theater: „Deutsch durch Theater", „Gewaltprävention durch Theaterspiel", „Theaterpädagogik im naturwissenschaftlichen Unterricht".

Otto Seitz

*Das Wunder von Bernd*:
Ausgebildet an der Berliner Max-Reinhardt-Schule und bei Jaques Lecoq. In Paris arbeitet **Bernd Köhler** nach Jahren bei Film, Funk und Fernsehen seit Jahrzehnten als Schauspieler und Regisseur an Bühnen deutschen Stadt-, Landes- und Staatstheatern und als BuT-geprüfter Theaterpädagoge bei der LAG TheaterPädagogik BW (Kursleiter und Vorstandsmitglied), bei der Theater-Akademie-Stuttgart (Fachbereichsleiter Theaterpädagogik) und in künstlerischer Leitung mit zwei semiprofessionellen regionalen Theatergruppen.

Bernd Köhler

## Theatermethoden im alltäglichen Unterricht

„Schule ist Theater" – so versteht der Autor dieses Buches seinen Ansatz. Beim näheren Hinsehen ist es ein sehr kreativer Ratgeber, theatral Schule methodisch aufzulockern. Der Verfasser ist begeistert von dem Ansatz, dies scheint immer wieder im Buch durch. Man kann sich beim Lesen sehr gut einen ideenreichen Naturwissenschaftslehrer am Gymnasium vorstellen. Er lebt aber nicht nur die Begeisterung fürs Theater, sondern er ist auch in der Lage, sein Praxiswissen an andere weiter zu geben. Der Autor schreibt aus seinen eigenen Erfahrungen in der Praxis heraus und mit Engagement für ein bewusstes Einsetzen theaterpädagogischer Mittel im Unterricht. Er greift gezielt die Praxis verändernde Wirkungsmechanismen des Theaters auf und versucht, sie auf Schule als Methode anzuwenden und damit Schule interessant, unterhaltsam und anregend zu gestalten.

Zunächst einmal: es handelt sich hier nicht um ein trockenes erziehungswissenschaftliches Werk, sondern um einen Ideentransfer szenischer Methoden aus dem Theater auf den traditionellen Schulalltag. Und dazu entwickelt Kramer geradezu ein Feuerwerk an Ideen. Hierzu nur einige Beispiele: Schülerinnen und Schüler stellen sich zu Standbildern auf, um ihre Meinung auszudrücken oder das Molekülmodell körpersprachlich zu modellieren. So wie er es durch Zeichnungen und Fotos darstellt, ist der methodische Weg völlig überzeugend.

Weitere besonders klar beschriebene methodische Elemente sind:

– Die Wirkung von Pausen im Unterricht
– Den Spannungsbogen einer – traditionell konzipierten – Stunde in dramatischem Handlungsaufbau zu gestalten
– Die Sitzordnung unter dramaturgischer Perspektive
– Das räumliche Anordnen im Unterrichts (Barometer, Auf den Tisch steigen etc.) Farbgruppensysteme der Gruppierung
– Kreative Platzierung von Lerninhalten wie die Nutzung der Fensterfläche, incl. der Beschreibung der dazu erforderlichen technischen Utensilien
– Die Beleuchtung von Fokusorten des Unterrichtsgeschehens
– Tafeln auf dem Pflaster draußen
– Umsetzung in körperliche Modelle
– Theatrale Techniken wie Freeze

Alle diese methodischen Wege, die für gymnasiale Arbeit ungewöhnlich sind, stellt er recht klar verständlich als Praxismaterial vor. Das ist der Kern des Buches: szenische Methoden vorzustellen, sei es wie die Lehrperson sich in Szene setzt, wie das räumliche Arrangement bewusst gestaltet wird oder die Schülerinnen und Schüler einbezogen sind.

Die Ideen sind allesamt praktikabel, wenn die Lehrperson es wirklich will.

Insgesamt halte ich das Buch für eine spannende und originelle Perspektive auf Unterricht. Die methodischen Vorschläge sind praktikabel und können den Unterricht deutlich lebendiger machen, auch wenn sie weder an Lernzielen rütteln noch an sonstigen Strukturen. Aber innerhalb des gegebenen Rahmens hat er viele Beispiele, den Belehrrahmen von Schule zu sprengen und veranschaulichende Aktivierung zu praktizieren.

Gerade in diesen praktischen Hinweisen für den bewussten Einsatz dramaturgischer Mittel für den Unterricht der Sekundarstufe liegt der eigentliche Wert dieser Arbeit. Dies wird durch zahlreiche Skizzen, Fotos und Grafiken unterstützt. Die gut verständliche Sprache im Praxisteil macht es leicht, diese auflockernden Methoden in den eigenen Unterricht zu übertragen, besonders aus dem naturwissenschaftlichen Unterricht, der an Gymnasien oft sehr theoretisch abläuft, stammen seine Beispiele. An den Fotos ist zu ersehen, dass es den Jugendlichen seiner Klassen Freude bereitet hat, nach seinem methodischen Ansatz unterrichtet zu werden. Grundsätzlich macht sein Ideentransfer szenischer Methoden aus dem Theater auf den traditionellen Schulalltag den Unterricht abwechslungsreich und spricht die Schülerinnen und Schüler körperlich an. Dies allein ist in einer bewegungsarmen Konsumwelt wichtig.

Jedenfalls fällt dieses Buch gegenüber anderen schulpädagogischen Traktaten auf. Es ist engagiert und hat eine klare Botschaft auf der Basis von sehr viel Praxiserfahrung. Ein authentisches Buch!

Die Einleitung selbst ist mehr oder weniger eine theatrale Aufführung, in der der Leser vom Theater im Schulalltag überzeugt werden soll.

Insgesamt dient dieser Band der Veränderung von Unterricht und ist sehr leicht lesbar. Nicht jeder Lehrer, nicht jede Lehrerin wird derart intensiv diese szenischen Aktionen und Modellierungen übernehmen wollen, aber wenn auch nur einige der vielfältigen Praxisvorschläge aufgenommen werden, ist schon viel dafür getan worden, den Schulalltag lebendiger und anschaulicher zu gestalten.

Deshalb empfehle ich sehr, das Buch in jede Schulbibliothek aufzunehmen. Gerade Sekundarschulen können davon viel profitieren.

Im Namen von Rainer Winkel

Oldenburg im Herbst 2007, Astrid Kaiser

**Raum für Notizen**

**Raum für Notizen**

# Grundlagen der Schulpädagogik

Gustav Keller

## Schulisches Qualitätsmanagement von A–Z

2007. XI, 160 Seiten. Kt. ISBN 9783834001832. € 16,—

Die Sicherung und Weiterentwicklung der Schulqualität sind zu einer pädagogischen Pflichtaufgabe geworden. Sowohl auf der Leitungsebene als auch im Kollegium der Einzelschule wird intensiv darüber nachgedacht, wie die Qualität analysiert und weiterentwickelt werden kann.

Um diese Aufgabe gut zu erledigen, ist ein solides Professionswissen vonnöten. Nur wer weiß, was Schulqualität ist, wie man sie erfasst und wie man sie verbessert, kann die pädagogische Arbeit wirksam weiterentwickeln.

Das vorliegende Nachschlagewerk vermittelt anschaulich und detailliert Begriffe, Konzepte und Methoden des schulischen Qualitätsmanagements. Es wendet sich an Schulleitungen, Lehrpersonen, Schulaufsichtsbeamte sowie an alle Lehrpersonen, die an der Schulevaluation und Schulentwicklung mitwirken.

Astrid Kaiser

## Menschenbildung in Katastrophenzeiten

2007. VI, 190 Seiten mit zahlr. farb. Abb. Kt. ISBN 9783834002259. € 18,—

Die Klimakatastrophe ist in aller Munde, doch es wird wenig getan. Viele denken, dies sei vor allem eine Frage der Politik.

Doch die Klimakatastrophe und andere Katastrophen wie Kriege oder dramatische Crashs von Verkehrsmitteln sind vor allem Menschenwerk. Und nur menschliches Handeln kann helfen, Katastrophen entgegen zu wirken. Wir brauchen Menschen auf der Welt, die sie schützen können und erhalten wollen und die wissen, wie Katastrophen vermieden werden. Dazu ist eine neue Bildung der Menschen nötig. Es sind Persönlichkeiten gefragt, die zum Miteinander-Leben und Überleben fähig sind. Dazu gehört die Bildung von Ich-Stärke, historischem Denken, Hoffnungsfähigkeit, Verantwortungsbewusstsein und praktischen Kompetenzen.

Die Wege hin zu dieser Bildung werden in diesem Band sehr anschaulich und mit praktischen Beispielen für die Schule beschrieben. Dazu werden viele autobiographische Erfahrungen und Beobachtungen geschildert. So wird dieses Buch trotz der schweren Thematik zu einem leicht lesbaren Band.

## Schneider Verlag Hohengehren
## Wilhelmstr. 13; D-73666 Baltmannsweiler

Michael Pfitzner

# Kevin macht mich sprachlos

Kommunikative Kompetenz im Lehrer-Schüler-Gespräch. 2007. VIII, 144 Seiten. Kt. ISBN 9783834002242. € 16,—

Der vorliegende Band will sensibilisieren und aufbauend auf eine kurze Zusammenfassung kommunikationstheoretischer Erkenntnisse mit Hilfe von 16 Bausteinen wichtige Elemente für ein professionelles Lehrer-Schüler-Gespräch herausarbeiten. Sie sollen Anregungen geben, dürfen aber nicht als Rezepte verstanden werden. Dazu ist die unterrichtliche Lehr-Lern-Situation zu komplex. Ein zweiter Teil mit spielerischen Elementen und Fallbeispielen dient einerseits dem möglichen Einsatz in der Lehreraus- und weiterbildung, andererseits ist er auch geeignet, sich individuell mit der Problematik des Lehrer-Schüler-Gespräches auseinander zu setzen. Allerdings ist ein gemeinsames Erarbeiten mit einem Partner als Supervisor oder einer kleineren Gruppe sinnvoll.

Christa D. Schäfer

# Wege zur Lösung
# von Unterrichtsstörungen

Jugendliche verstehen – Schule verändern
2006. XII, 380 Seiten. Kt. ISBN 9783834001443. € 24,—

Im Zentrum dieses Buches stehen drei plastisch und sehr lebendig herausgearbeitete Fallgeschichten.

Sie handeln von Schülerinnen und Schülern, die in verschiedenen Schulen und Schultypen Berlins die achte Klassenstufe besuchen und dort den Unterricht stören. Da ist Wladi, dem in der Schule der Ruf vorauseilt, eine schwierige Vergangenheit zu haben, der in den Unterrichtsstunden fast ununterbrochen „am Plaudern" ist und schon einen Schulkameraden krankenhausreif geschlagen hat. Dann Uri und Dong-Su, die in die 8c gehen, in der einiges im Argen liegt – vom Sozialverhalten aller Schüler beginnend bis hin zu den mangelhaft geplanten und durchgeführten Unterrichtsstunden eines depressiv geprägten Lehrers. Und schließlich sind da Sabrine und Mira, von denen die eine Jugendliche eine hohe interpersonale Intelligenz besitzt, die andere durch Arbeitsverweigerung und Schulschwänzertum auffällt, und beide mittelpunktsstrebig sind und viele Freunde haben bzw. brauchen.

Die Fälle werden in den Schritten: Fallpräsentation, Fallerschließung und Hypothetischer Falllösung aufgearbeitet und im Störprofil, Ursachenprofil und Lösungsprofil grafisch dargestellt.

Im Kern der Betrachtungen stehen die störenden Schüler, die mit verschiedenen Subsystemen umgeben werden: F für Familie, U für Unterricht, L für Lehrerpersönlichkeit und P für Persönlichkeitsaspekte des störenden Schülers. Hierdurch wird ein Gesamtsystem aufgespannt, das unter bestimmten Bedingungen zu einem Problemsystem werden kann und Unterrichtsstörungen hervorruft.

**Schneider Verlag Hohengehren**
**Wilhelmstr. 13; D-73666 Baltmannsweiler**